Schwabe reflexe

Band 75

Jörg Noller

Digitalität

Zur Philosophie der digitalen Lebenswelt

Schwabe Verlag

Gedruckt mit freundlicher Unterstützung der Geschwister Boehringer Ingelheim Stiftung für Geisteswissenschaften in Ingelheim am Rhein

Bibliografische Information der Deutschen Nationalbibliothek
Die Deutsche Nationalbibliothek verzeichnet diese Publikation in der Deutschen Nationalbibliografie; detaillierte bibliografische Daten sind im Internet über http://dnb.dnb.de abrufbar.

© 2022 Schwabe Verlag, Schwabe Verlagsgruppe AG, Basel, Schweiz
Dieses Werk ist urheberrechtlich geschützt. Das Werk einschließlich seiner Teile darf ohne schriftliche Genehmigung des Verlages in keiner Form reproduziert oder elektronisch verarbeitet, vervielfältigt, zugänglich gemacht oder verbreitet werden.
Gestaltungskonzept: icona basel gmbH, Basel
Cover: Kathrin Strohschnieder, Zunder & Stroh, Oldenburg
Layout: icona basel gmbh, Basel
Satz: 3w+p, Rimpar
Druck: CPI books GmbH, Leck
Printed in Germany
ISBN Printausgabe 978-3-7965-4458-3
ISBN eBook (PDF) 978-3-7965-4459-0
DOI 10.24894/978-3-7965-4459-0
Das eBook ist seitenidentisch mit der gedruckten Ausgabe und erlaubt Volltextsuche. Zudem sind Inhaltsverzeichnis und Überschriften verlinkt.

rights@schwabe.ch
www.schwabe.ch

Inhalt

Bestimmungen 7
Was ist Digitalität? 7
Was ist Virtualität? 26

Kategorien 45
Ubipräsenz 45
Interobjektivität 48
Transsubjektivität 63

Perspektiven 67
Ethik der Digitalität 67
Ästhetik der Digitalität 74
Bildung der Digitalität 81
Aufklärung der Digitalität 94

Virtualität als Lebensform: Zur Anthropologie der Digitalität 101

Anmerkungen 105

Literatur 115

Personenregister 123

Bestimmungen

Was ist Digitalität?

Ein Buch im Zeitalter der Digitalität über Digitalität zu schreiben, mag anachronistisch erscheinen. Wäre nicht ein *Blog* angemessener? Handelt es sich gar um einen performativ-medialen Widerspruch?[1] Diese Frage gibt Anlass, die Ontologie der Medien, insbesondere der *neuen* Medien, zu überdenken. Medien sind, wie der kanadische Kulturwissenschaftler Marshall McLuhan pointiert formuliert hat, keine bloßen Hilfsmittel oder Instrumente, sondern performative Realitäten – «the medium is the message»[2]. In den letzten Jahrzehnten ist immer mehr dieser performative, materiale Gehalt der Medien ins Zentrum der Betrachtung gerückt. McLuhan hatte bereits mit Blick auf das Medium der gedruckten Schrift auf ihre transformative und realitätsstiftende Dimension hingewiesen: «Typography is not only a technology but is in itself a natural resource or staple, like cotton or timber or radio; and, like any staple, it shapes not only private sense ratios but also patterns of communal interdependence.»[3] McLuhan wendet also den Formcharakter des Mediums ins Materiale, wenn er schreibt: «[I]t is the medium that shapes and controls the scale and form of human association and action. The content or uses of such media are as diverse as they are ineffectual in shaping the form of human association.»[4] Ja, er versteht Medien gar als Erweiterungen des Menschen: «[T]he personal and social consequences of any medium—that is, of any extension of ourselves—result from the new scale that is introduced into our affairs by each extension of ourselves, or by any new technology.»[5] Wir übersehen demnach oft das Medium, indem wir nur auf den Inhalt achten: «[I]t is only too typical that the ‹content› of any medium blinds us to the character of the medium.»[6]

Diese Medienblindheit, von der McLuhan spricht, lässt sich nun aber angesichts der Digitalisierung im Sinne einer zweiten Stufe kritisieren. Denn durch das Aufkommen der neuen Medien, insbesondere des Internets, tragen Medien nicht nur in sich und an sich bereits Botschaften aus, sondern werden *selbst* zu ontologischen Faktoren unserer Lebenswelt, hinter denen ihr medialer und technologischer Charakter zunehmend verschwindet. Wir nehmen also nicht nur nicht das *Medium* wahr, sondern auch nicht jene *Realitäten*, die auf dem Medium emergieren. Unsere *Medienblindheit* geht mit einer *Realitätsblindheit* einher und bedarf daher einer *Aufklärung*. Deswegen soll im Folgenden auch nicht so sehr die Technologie der Digitalisierung im Zentrum stehen, als vielmehr dasjenige, was seit einiger Zeit «Digitalität» genannt wird, um die lebensweltliche Bedeutung der Digitalisierung zu betonen. Digitalität zeigt an, dass dasjenige, was mit der Digitalisierung einhergeht – was auf ihr emergiert – selbst etwas Bedeutungsvolles und Qualitatives ist, was nicht ohne Bedeutungsverlust auf rein technische oder mediale Strukturen reduziert werden kann. Digitalität ist also, kurz gefasst, die *qualitative*, lebensweltliche Seite der Digitalisierung und insofern zunächst vor genereller Technikkritik gefeit.

Mit dem Aufkommen der neuen Medien im Zuge der Digitalisierung ist eine Realität entstanden, die über die bloße soziokulturelle Beeinflussung unserer Lebenswelt hinausgeht. Zu nennen sind hier vor allen drei Phänomene, die als Paradigmen der Digitalität gelten dürfen: Das Internet, künstliche Intelligenz (KI)⁷ und Computerspiele. Als Phänomene der Digitalität existieren sie nicht unabhängig voneinander, sondern sind miteinander vernetzt und verwoben. Die neuen Medien verändern also nicht nur unsere Weise der Wahrnehmung der Welt, sondern es emergieren auf ihnen neue Realitäten. Diese neuen Realitäten bedürfen einer genuin philosophischen Analyse, weil sie nicht nur ein technisches Randphänomen darstellen, das uns partiell tangiert, sondern immer mehr und tiefer in unseren Alltag eindringen und unsere Lebenswelt transformieren. Mehr noch: Sie werden selbst zu ontologischen Faktoren einer Wirklichkeit, in welcher die kommunikationstheoretische und ‹mediale› Unterscheidung von Sender bzw. Bote und Empfänger immer mehr aufgehoben wird.

Indem die Digitalisierung nicht mehr nur eine technische Entwicklung darstellt, sondern selbst Teil, ja Struktur unserer Lebenswelt wird, wird sie zur Digitalität. Ein rein technikphilosophischer oder medienwissenschaftlicher Zugriff scheint also nicht mehr zu genügen, um dem Phänomen der Digitalität in seiner qualitativen Eigenlogik ontologisch gerecht zu werden. Deshalb benötigen wir neue Begriffe, um die digitale Lebenswelt in ihrer Realitätshaftigkeit zu fassen. Eine Philosophie der Digitalität muss sich gleichermaßen von soziologischen, psychologischen, technologischen und ökonomischen Zugängen zum Phänomen der Digitalisierung unterscheiden. Die Philosophie der Digitalität ist jedoch kein *alternativer* Zugang, sondern *fundiert* vielmehr die anderen Zugänge, indem sie die jeweils zugrundeliegenden Begriffe, vor allem diejenigen von Simulation, Fiktion, Virtualität und Realität kritisch reflektiert und aufeinander bezieht. Ganz verschiedene Bereiche und Disziplinen der Philosophie lassen sich unter den Bedingungen der Digitalität neu denken. Tradierte Fragestellungen werden durch die Digitalisierung revitalisiert und neu motiviert.⁸

In Anknüpfung an den Begriff der «Gutenberg-Galaxis», den McLuhan in seinem gleichnamigen Buch 1962 geprägt hat, um den Paradigmenwechsel von der mündlichen zur schriftlichen Kommunikationsform zu bezeichnen, spricht der Schweizer Kulturwissenschaftler Felix Stalder davon, dass wir seit dem Jahr 2000 «eine neue kulturelle Konstellation» vorfinden, welche durch die Bedingungen der Digitalisierung konstituiert ist.[9] Stalder hat den Begriff der Digitalität aus kulturwissenschaftlicher Perspektive geprägt. Unter «Digitalität» versteht Stalder eine spezifische Kultur, die mit dem Aufkommen neuer Medien einhergeht und die Medialität der «Gutenberg-Galaxis», wie McLuhan die Kultur der gedruckten Schrift nannte, abgelöst hat.[10] Die «Kultur der Digitalität» versteht Stalder als «enorme Vervielfältigung der kulturellen Möglichkeiten»[11] und Herausbildung von neuen Formen als «konkrete Realität des Alltags»[12]. Sie ist charakterisiert durch einen dichten Zusammenhang verschiedener neuerer Entwicklungen, zu denen vor allem das Internet als ein neues Massenmedium zählt.[13] Stalder spricht davon, dass sich verschiedene, zunächst heterogene und entlegene Strömungen zu einer «kulturelle[n] Umwelt»[14] verschränken. Es geht Stalder dabei um die Analyse allgemeiner Formen dieser neuen Entwicklungen, also nicht um verschiedene Kulturen, sondern um *die* Kultur der Digitalität.[15] Auch aus sozio-ökonomischer Sicht wird unter «Digitalität» die lebensweltliche Vernetzung von digitalen und analogen Strukturen verstanden, wobei das Wort «Digitalität» als Fusion von «digital» und «Realität» erklärt wird.[16] Damit soll ausgedrückt werden, dass das Digitale zu einer eigenen Realität geworden ist, die unsere Lebenswelt prägt und bestimmt.

Stalder identifiziert drei «gemeinsame formale Eigenheiten»[17], die die einheitliche Kultur der Digitalität konstituieren, und die er Referentialität, Gemeinschaftlichkeit und Algorithmizität nennt.[18] Diese drei Formen tragen wesentlich zur Bedeutungskonstitution in Zeiten der Digitalisierung bei. *Referentialität* bedeutet «die Nutzung bestehenden kulturellen Materials für die eigene Produktion»[19] bzw. «eine Methode, mit der sich Einzelne in kulturelle Prozesse einschreiben und als Produzenten konstituieren können»[20], d. h. die freie, kreative Bezugnahme auf bereits Vorhandenes zum Zwecke der Erzeugung neuer Bedeutungen. Die Referentialität ist insbesondere in Zeiten der schier unüberschaubaren Masse an Informationen von zentraler Bedeutung, um Orientierung zu schaffen. Die freie Verfügbarkeit und Zugänglichkeit, insbesondere durch das Internet, erlaubt diese Praxis und Form. *Gemeinschaftlichkeit* bedeutet «einen kollektiv getragenen Referenzrahmen»[21], also die historischen und gesellschaftlichen Bedingungen, unter denen die unübersichtliche Anzahl an Informationen durch Referentialität gesichtet und zu Bedeutungen geordnet werden kann. Gemeinschaftlichkeit kann durchaus bestimmten Zwängen unterliegen, die das Subjekt selbst nicht reflektiert. Stalder versteht dabei Kultur als «geteilte soziale Bedeutung»[22]. Algorithmizität schließlich bedeutet «automatisierte Entscheidungsverfahren»[23], welche nicht, wie die Referentialität und Gemeinschaftlichkeit, auf individuelle oder kollektive Entscheidungen zurückgeht, sondern der künstlichen Intelligenz übertragen werden. Diese Verfahren sind basaler Art und stellen insofern Grundoperationen dar. Sie strukturieren die schiere Masse an Daten und Informationen so vor, dass sie für individuelle und gemeinschaftliche Bezugnahme handhabbar wird. Sie stellen damit einen Rahmen dar, welcher der Gemeinschaftlichkeit noch vorgelagert ist, gewissermaßen als die Bedingung der Möglichkeit von Bedeutungskonstitution.[24] Stalder konstatiert in dieser Hinsicht eine Dialektik, die darin besteht, dass die Algorithmizität einerseits die Freiheit der Bedeutungskonstitution ermöglicht, sie jedoch andererseits von vorn herein durch ihre unverfügbaren Vorgaben einschränkt.[25]

Stalder hat durch die drei Begriffe der Referentialität, Gemeinschaftlichkeit und Algorithmizität gezeigt, dass und wie sich die Digitalisierung kulturell und gesellschaftlich auswirkt. Worin besteht nun aber der *philosophische* Unterschied zwischen Digitalität und Digitalisierung, d.h. der *Grund* der Digitalität? Im Folgenden sollen Stalders Begriffe der Gemeinschaftlichkeit, Referentialität und Algorithmizität durch die Kategorien der Ubipräsenz, Interobjektivität und Transsubjektivität philosophisch fundiert werden. Während die Digitalisierung das technische Phänomen der Umwandlung analoger in digitale Information betrifft, bezieht sich die Digitalität auf die lebensweltliche, d.h. qualitative Bedeutung der Digitalisierung. Die lebensweltliche Bedeutung der Digitalisierung liegt auf der Hand: Wir können digitale Daten unabhängig von Raum und Zeit konservieren und hypertextuell vernetzen. Die Digitalisierung ermöglicht uns wie keine andere technologische Entwicklung die Virtualisierung alltäglicher Gegenstände, Praktiken und Verfahren und ist insofern durchaus mit der historischen Bedeutung der Elektrifizierung hundert Jahre zuvor zu vergleichen. Gibt es aber eine «Philosophie der Elektrifizierung» und kann es überhaupt eine «Philosophie der Digitalisierung» geben?

In seinem Buch *Das intensive Leben* hat der französische Philosoph Tristan Garcia die lebensweltliche und philosophische Bedeutung der Elektrifizierung sehr anschaulich herausgestellt und die Moderne gar als «Domestikation des elektrischen Stroms» bestimmt. Die Elektrizität sei «zur Hauptfigur der Moderne als Zauberschwur der Vernunft» geworden.[26] Durch die Elektrizität werde «die Intensität zu einem Ideal für den Menschen und zu einem Begriff der Philosophie».[27] Wenn auch die Digitalisierung als ein Paradigma für die Philosophie gelten darf, wie im Folgenden argumentiert wird, dann ist sie nicht so sehr *intensiv*, wie es die Elektrifizierung ist, als vielmehr *subver-*

siv. Man könnte meinen, die Digitalisierung schleiche sich unbemerkt in unser Leben und verbessere dieses nur technologisch und instrumentell. Doch dieser Eindruck täuscht. Philip Specht, Autor des Buches *Die 50 wichtigsten Themen der Digitalisierung* schreibt, diese werde uns «mit der wohl größten zivilisatorischen Herausforderung konfrontieren, die es je zu bewältigen galt.»[28] Die soziale, politische und ökonomische Bedeutung der Digitalisierung ist unbestritten. Aber inwiefern handelt es sich bei der Digitalisierung auch um ein genuines Feld philosophischen Interesses, welches sich ontologisch, epistemologisch, ethisch und ästhetisch vermessen und bestimmen lässt?

Wenn die Aufgabe der Philosophie darin besteht, «[d]as was ist zu begreifen», und wenn sie «ihre Zeit in Gedanken erfaßt»[29], wie Hegel in seinen *Grundlinien der Philosophie des Rechts* schreibt, dann darf sie auch zu den neueren Entwicklungen der Digitalisierung nicht schweigen. Sie muss vielmehr für die neueren Entwicklungen der Digitalisierung neue Begriffe prägen und mit überkommenen in eine Verbindung setzen. Problematisch ist jedoch, dass die gegenwärtigen Entwicklungen der Digitalisierung so rasant sind, dass ihr die Philosophie begrifflich nur schwer folgen kann. Sollte am Ende doch stimmen, wie Hegel schreibt, dass «die Eule der Minerva [...] erst mit der einbrechenden Dämmerung ihren Flug» beginnt?[30] Die These dieses Buches lautet, dass es sich bei der Philosophie der Digitalität nicht nur um eine kurzlebige Modeerscheinung handelt, sondern dass sie selbst ein neues philosophisches Paradigma darstellt. Dabei soll nicht nur ein phänomenologischer Zugang gewählt werden, der die neuartigen Phänomene der Digitalität *beschreibt.* Vielmehr soll auch ein Versuch unternommen werden, die neuartigen Phänomene begrifflich-normativ zu fassen, und, wo nötig, neue Begriffe zu prägen.

Eine «Philosophie der Digitalität» sieht sich vor zwei Herausforderungen gestellt. Zum einen ist ihr Gegenstand nichts Feststehendes, sondern ein transformativer und disruptiver Prozess, der selbst vor der *Philosophie* nicht haltmacht. Eine Philosophie der Digitalität wird eigene Methoden und Begriffe entwickeln müssen, um diesen Prozess zu bestimmen und zu kontrollieren. Zum andern ist dieser Prozess so verfasst, dass er eine Vernetzungsstruktur beschreibt, die unsere Lebenswelt immer weiter überzieht und so scheinbar Disparates in eine bedeutungsvolle Beziehung setzen lässt. Diesen Besonderheiten der Digitalisierung muss die Philosophie Rechnung tragen, will sie nicht von vorn herein ihr Ziel verfehlen, Begriffe zu prägen, zu ordnen und zu kritisieren, um die Wirklichkeit besser zu verstehen, und sie vielleicht sogar zu *verbessern*.

Im Gegensatz zum Begriff der Digitalisierung ist der Begriff der Digitalität schwach normativ. Er beinhaltet nicht nur eine Bestandsaufnahme der Digitalisierung, ihrer Technologie und Entwicklung, sondern setzt ein Ideal, welches lebensweltliche Bedeutung für die Digitalisierung haben soll. Digitalisierung soll demnach nicht nur separate technologische Bedeutung haben, sondern sich so nahtlos in unsere Lebenswelt fügen, so dass sie nicht als *technokratisch* erfahren wird, sondern unsere Freiheiten in qualitativer und moralischer Hinsicht vergrößert. Diese integrative Nahtlosigkeit der Digitalisierung, die über bloße Medialität hinausgeht, zusammen mit den neuen Möglichkeiten und Realitäten, die sie eröffnet, charakterisiert Digitalität wesentlich. Ob und inwiefern diese Nahtlosigkeit erzielt wird, darauf reflektiert die Ethik der Digitalität, die auch in ästhetischer Hinsicht weiter expliziert werden kann. Denn der Prozess der Digitalisierung eröffnet nicht nur neue Möglichkeiten, sondern stellt uns auch vor neue Probleme, die nicht nur technologischer, sondern technokratischer Natur sind. Digitalisierung droht gerade dort technokratisch zu werden, wo sie uns unverständlich und fremd wird, wo sie uns schließlich beherrscht, uns unsere Freiheit nimmt und uns zu bloßen Gegenständen und quantitativen Daten reduziert.

Im Gegensatz zur überwiegenden Reduktion auf die Bedeutung künstlicher Intelligenz umfasst der Begriff der Digitalität alle lebensweltlich bedeutsamen Entwicklungen der Digitalisierung, wozu insbesondere das Internet, aber auch Computerspiele zählen. Diese lebensweltlichen Realitäten existieren nicht unabhängig voneinander, sondern sind eben dadurch, dass sie die Digitalität konstituieren, auf intime Weise miteinander verbunden. Methodologisch bezeichnet Digitalität insofern eine kritische Position, die sich gleichermaßen von drei problematischen, wenn auch gängigen Positionen bezüglich der Digitalisierung abgrenzt:[31]

(1) Eine erste problematische Tendenz stellt die *Ideologisierung* der digitalen Technik, insbesondere der künstlichen Intelligenz im Rahmen einer transhumanistisch-futorologischen «Silicon Valley-Ideologie»[32] dar, wie sie etwa gegenwärtig von Ray Kurzweil im Rahmen seiner technologischen Singularitätsthese vertreten wird:

> The Singularity will allow us to transcend these limitations of our biological bodies and brains. We will gain power over our fates. Our mortality will be in our own hands. […] There will be no distinction […] between human and machine or between physical and virtual reality.[33]

Kurzweil legt seiner Transformationsthese des Digitalen eine vertikale Ordnung zugrunde, die durch ein exponentielles Wachstum bestimmt ist, welches eine unvermeidliche künftige Singularität suggeriert. Im Gegensatz zu Kurzweils Vertikalitätsthese wird im Folgenden für eine *Horizontalitätsthese* argumentiert: Die digitale Transformation verläuft nicht so sehr vertikal im Sinne einer Steigerung und Verbesserung bisheriger

Ansätze, sondern horizontal im Sinne einer neuen, lebensweltlich bedeutsamen Struktur, die unsere Lebenswelt durchzieht und die deswegen nicht selten übersehen wird. Die Horizontalität der Digitalität zeigt sich vor allem im Vernetzen und in der lebensweltlichen Durchdringung alltäglicher Praktiken, die dadurch zunehmend virtualisiert werden und so auf den Begriff der virtuellen Realität verweisen, der mit dem der Digitalität in einem engen Verhältnis steht. Mehr noch: Digitalität erweist sich als ein *Paradigma* virtueller Realität. Der Begriff der Digitalität wendet sich insofern auch kritisch gegen jegliche Tendenz des Transhumanismus. Verstanden als Form virtueller Realität, ist Digitalität nichts, was den Menschen zu einem Übermenschen macht. Vielmehr zeigt sich im Phänomen der virtuellen Realität die grundmenschliche Tendenz einer *Freiheit der Alternativität*.[34] Erst wenn wir den Begriff der virtuellen Realität mit Blick auf die Begriffe der Möglichkeit, Wirklichkeit, Fiktion, Simulation und Illusion geklärt haben, können wir fundierte Aussagen über eine Ontologie, Ethik und Ästhetik der Digitalität treffen.

(2) Indem sich der Begriff der Digitalität kritisch zu ideologischen Überforderungen der Digitalisierung verhält, grenzt er sich gleichermaßen von der Position der *Banalisierung* ab, die die Entwicklungen und Phänomene der Digitalisierung unterschätzt, indem sie diese als bloßes Hilfsmittel, d.h. als technologische *Reduktion* auffassen.[35] Digitalisierung wird demnach als Instrument und Medium verstanden, dessen Funktion darin besteht, unseren Alltag besser zu bewältigen, und erhält insofern nur quantitative, nicht jedoch qualitative Relevanz. Digitalisierung wird damit als ein Objekt gefasst, welches von uns zwar benutzt werden kann, welches sich jedoch nicht nahtlos, sondern nur partiell oder gar exklusiv-technokratisch in unsere Lebenswelt fügt. Dagegen zeigt der Begriff der Digitalität an, dass digitale Phänomene als virtuelle Realitäten mehr sind als

bloße Technik oder Medien. Sie sind zu realitätsstiftenden Faktoren geworden und betreffen unmittelbar unsere Existenz. Banalisierende und reduktionistische Positionen unterschätzen das ontologische Potenzial der neuen Medien und vermögen nicht, die Differenz zwischen Digitalisierung und Digitalität zu begreifen. Diese Differenz, die zu bestimmen sich das vorliegende Buch zum Ziel gesetzt hat, soll im Folgenden die «digitale Differenz» genannt werden. Um sie zu bestimmen, soll jene ontologische Transformation expliziert werden, welche mit der Digitalisierung einhergeht, und wie sie in der virtuellen Realität ihren philosophischen Grund findet.

(3) Schließlich grenzt sich der Begriff der Digitalität von der *Dramatisierung* der digitalen Technik ab. Dieser zufolge erscheint die Digitalisierung als zu bekämpfende Gefahr der Moderne, d.h. als ideologische Gegenposition zur Ideologisierung, die gar apokalyptische Ausmaße annehmen kann.[36] Der bloße Begriff der Medienkritik ist nicht angemessen, um die Probleme, die sich im Rahmen der Digitalität stellen, angemessen zu fassen. Denn hierbei wird ein Maßstab angelegt, der seinem Gegenstand nicht adäquat ist, insofern Digitalisierung unter dem Gesichtspunkt von Mediennutzung, genauer: Medienmissbrauch betrachtet wird. Neurowissenschaftliche Erkenntnisse über Medienmissbrauch, etwa aus einer psychologischen und suchttheoretischen Perspektive, stellen selbst einen reduktionistischen Zugang zum Phänomen der Digitalität dar, von denen provokative und suggestive Titel wie «Digitale Demenz: Wie wir uns und unsere Kinder um den Verstand bringen»[37], «Cyberkrank!: Wie das digitalisierte Leben unsere Gesundheit ruiniert»[38] oder «Smartphone Epidemie: Gefahren für Gesundheit, Bildung und Gesellschaft»[39] zeugen. Die neuere Kritik der neuen Medien spricht gar von einer «mahlstromartigen Dynamik», welche mit der «totale[n] Computerisierung» und «totalen Verrechnung unseres Lebens» einhergehe und einem

«schwarzen Loch» gleiche.[40] Medienkritik im 21. Jahrhundert wird mit dem Begriff des «Postdigitalen» in Verbindung gebracht.[41] Dem ist entgegenzuhalten, dass Digitalität mehr ist als nur die Summe und der Gebrauch der neuen Medien. Der Begriff der Digitalität muss insofern durch eine *Metakritik* der neuen Medien entwickelt werden: Digitalität erweist sich damit als im Grunde immer schon postdigital, insofern in ihre jene technologischen und technokratischen Probleme aufgehoben sind, die die neue Medienkritik adressiert.

Der Begriff der Digitalität liegt jenseits von Ideologisierung, Banalisierung und Dramatisierung, weil er nicht eine technologische, sondern eine lebensweltliche Perspektive impliziert, die uns unmittelbar betrifft. Die neuen Medien werden damit nicht mehr technologisch und technokratisch, sondern *transformativ* verstanden. Auf diese transformative Bedeutung der Digitalität hat Luciano Floridi in seinem Buch *Die 4. Revolution* ausdrücklich hingewiesen. Die philosophische Herausforderung besteht nach Floridi angesichts der lebensweltlichen Bedeutung der digitalen Medien nicht darin, sich zwischen Technophobie und Technophilie zu entscheiden. Vielmehr gilt es, eine Perspektive jenseits dieser scheinbaren Alternative zu gewinnen, indem «eine verbindende Perspektive, aus der sich all diese Phänomene als Aspekte eines einzigen makroskopischen Trends interpretieren lassen», entwickelt wird.[42] Wie im Folgenden argumentiert werden soll, lässt sich dieser makroskopische Trend mit dem Begriff der Digitalität, verstanden als eine *Form virtueller Realität*, fassen. Aus den neuen Medien, so Floridi, sind

> umweltgestaltende, anthropologische, soziale und interpretative Kräfte geworden. Sie schaffen und prägen unsere geistige und materielle Wirklichkeit, verändern unser Selbstverständnis, modifizieren, wie wir miteinander in Beziehung treten und uns auf

uns selbst beziehen, und sie bringen unsere Weltdeutung auf einen neuen, besseren Stand, und all das tun sie ebenso tief greifend wie umfassend und unablässig.[43]

Eine philosophische Analyse des Phänomens virtuellen Realität steht noch ganz am Anfang. Mit der technologischen Entwicklung gehen neue Formen virtueller Realität einher, die immer weniger als Illusionen und Simulationen wahrgenommen, sondern immer mehr als ontologische Faktoren kausal wirksam werden. Welche technologischen Innovationen die Zukunft bringen mag, dies ist Gegenstand von Spekulationen. Was jedoch die Philosophie angesichts der neueren technologischen Entwicklungen vermag ist, deren ontologische Bedeutung im Sinne von virtuellen Realitäten zu bestimmen und sie auf die Begriffe der Möglichkeit, Wirklichkeit, Fiktion, Illusion und Simulation zu beziehen. Denn von diesen Begriffen hängt es schließlich ab, welche ethische Bedeutung wir der digitalen virtuellen Realität zumessen können und dürfen.

Methodologisch muss eine Philosophie der Digitalität eine kritische Distanz zu bloßen Zukunftsspekulation wahren. Erfordert ist ein Vorausdenken und Anders-Denken, jedoch nicht im Sinne einer Transzendenz des *ganz Anderen*, sondern im Sinne der Virtualität alternativer Realisierungsweisen des Bestehenden. Auch muss Digitalität immer Medienkritik beinhalten, jedoch nicht als etwas Äußerliches, was allein die quantitativ-technologische Mediennutzung und den qualitativen Mediengebrauch betrifft, sondern als ein lebensweltlicher Prozess, der normativ verfasst ist. Digitalität bedeutet im Gegensatz zur Digitalisierung, dass hierbei nicht der Fokus auf der technologischen Dimension digitaler Medien liegt, sondern auf jener Realität, die auf ihnen emergiert und somit nicht allein instrumentelle, sondern vielmehr lebensweltliche Bedeutung erlangt.[44] Anders formuliert: Digitalität impliziert eine eigene Ontologie, die nicht ohne Bedeutungsverlust auf die ihr zugrundeliegende digital-technische Struktur reduzierbar ist. Digitalität ist mehr nur als die Summe der neuen Medien. Digitalität ist nur in zweiter Linie ein technologisches Phänomen. Primär ist Digitalität ein Phänomen virtueller Realität, ja virtuelle Realität ist der Schlüsselbegriff zum Verständnis der Digitalität.

Methodologisch ist der Begriff der Digitalität deswegen zentral, da allzu oft in der gegenwärtigen philosophischen Debatte die Bedeutung der Digitalisierung vor allem auf das Problem der künstlichen Intelligenz und deren ethische Herausforderungen reduziert wurde, ohne die lebensweltlich-philosophische Komplexität dieses Phänomens in ihrer ganzen Tiefe zu explorieren. Diese Realität der Digitalität lässt sich am besten durch den Begriff der Virtualität bestimmen, auch wenn «Virtualität» häufig als ein semantisch vieldeutiges «Modewort»[45] verwendet wird.[46] Einher mit dem Phänomen der Digitalität geht also eine veränderte Bedeutung des überkommenen Medienbegriffs. Medien, verstanden als virtuelle Realitäten, vermitteln nicht mehr nur zwischen Sender und Empfänger; vielmehr heben sie diese Unterscheidung immer mehr auf. Wenn sich das Phänomen der Digitalität über den Begriff der virtuellen Realität erschließen lässt, wie im Folgenden argumentiert wird, dann muss auch auf die spezifische Modalität virtueller Realität reflektiert werden, und sie muss systematisch auf verwandte Begriffe wie Möglichkeit, Wirklichkeit, Simulation, Fiktion und Illusion bezogen werden.[47]

Aus philosophischer Sicht lassen sich nun drei zentrale Zugänge zum Phänomen der Digitalität unterscheiden: (1) ein medientheoretischer, der vor allem auf die kulturellen Auswirkungen reflektiert; (2) ein epistemologischer, der den Begriff der Information ins Zentrum stellt; sowie (3) ein modalitätstheoretischer, der das Phänomen der Digitalität vom Begriff der virtuellen Realität her erschließt.

(1) Der erste, medientheoretische Zugang zum Phänomen der Digitalität reflektiert auf die «Veränderungen unseres Wirklichkeitsverständnisses im Gefolge von Phänomenen, die mit dem Einsatz digitalisierter Medien verbunden sind» und auf die «Wirklichkeitsvorstellungen», die mit den neuen Medien einhergehen.[48] Doch zeigen die Entwicklungen der neuen Medien, insbesondere das Phänomen der Digitalität, welches Felix Stalder gerade im Jahr 2000 einsetzen lässt, dass es nicht mehr nur um veränderte Wirklichkeits*verständnisse* geht, sondern um veränderte *Wirklichkeiten*. Die neuen Medien sind zu realitätsbestimmenden und -verändernden Faktoren geworden und verweisen auf einen Begriff von virtueller Realität, der nicht mit bloßer Illusion oder Scheinwelt identisch ist, sondern eine Realität eigenen Rechts markiert, die immer mehr selbstverständlicher Teil unserer Lebenswelt wird.

(2) Ein zweiter, informationstheoretischer Zugriff, wie ihn etwa Luciano Floridi durch seinen Begriff der Infosphäre unternommen hat, erweist sich für die Bestimmung der Digitalität als ontologisch zu schwach, und für eine Ethik der Digitalität als zu wenig tragfähig. In Abwandlung von Hegels berühmtem Diktum schreibt Floridi: «[W]as wirklich ist, ist informationell, und was informationell ist, ist wirklich.»[49] Dieser informationstheoretische Zugang fokussiert jedoch zu sehr auf die epistemologischen Veränderungen, so dass die Realität und Ontologie, dasjenige, was sich *zwischen* den Informationen und *dank* der Informationen vollzieht, aus dem Blick gerät. Es interessiert für eine Philosophie der Digitalität nicht so sehr die Information an sich, sondern jene virtuelle Handlung, die zur Information *führt*, also dasjenige, was Informationen in eine Beziehung setzt und was selbst nicht informationstheoretisch ohne Bedeutungsverlust eingeholt werden kann. Die Realität der Digitalität ist deswegen nicht allein informationstheoretisch zu fassen. Dies

würde einen Reduktionismus bedeuten, der wichtige Aspekte und Dimensionen außer Acht lässt.

(3) Die These, die im Folgenden vertreten wird, lautet insofern: Erst eine Analyse, welche Digitalität als eine *Form* virtueller Realität begreift, vermag es, diese in ihrem vollen Umfang epistemologisch, ontologisch, ethisch und ästhetisch zu verstehen. Eine Philosophie der Digitalität muss jene epistemologischen, ontologische, ethischen und ästhetischen Dimensionen derjenigen Realitäten analysieren, die auf den neuen Medien emergieren. Als Leitbegriff erweist sich dabei der Begriff der virtuellen Realität, der gleichermaßen von Simulationen, Illusionen und Fiktionen unterschieden werden muss, jedoch immer darauf kritisch bezogen ist. Digitalität erweist sich damit als eine emergente Realität eigener Art, die zum Gegenstand verschiedenster philosophischer Zugriffe werden kann.

Wo die Philosophie der digitalen Lebenswelt, verstanden als virtuelle Realität, im Zentrum steht, treten die technischen Aspekte zurück, ganz so, wie der teleologische und organische Begriff des Lebens nur annäherungsweise und unvollständig durch Wirkkausalität beschrieben werden kann. Digitalisierung und Digitalität verhalten sich also wie Mechanismus und Organismus zueinander. Digitalität bedeutet insofern, dass sich durch den Einsatz neuer, digitaler Medien und Technik dank ihrer Transformation zu virtuellen Realitäten ein lebensweltliches Kontinuum ergibt, welches ganz verschiedene Bereiche betrifft. In der Digitalität fügt sich das Digitale ins Analoge, wird gewissermaßen *selbst* analog zu einer virtuellen Realität.[50]

Wenn Digitalität eine Lebenswelt bedeutet, die eine eigene Ontologie impliziert, dann bedürfen wir eigener Kategorien, um sie zu begreifen. Auf diese Erfordernisse haben die Autoren des Buches *Digitale Aufklärung* verwiesen. Sie fordern «[n]eu und selbst gedachte Kategorien, die allein dieser grundsätzlich veränderten Welt gerecht werden können. Nur damit können wir diese

Welt kritisch reflektieren und produktiv nutzen.»[51] Zugleich verweisen sie auf die Notwendigkeit einer Orientierung in der Sphäre der Digitalität: «Der Weg in die vor uns liegende Zukunft ist noch lang. Kompass und Karten gibt es hier nicht. Wir müssen die digital vernetzte Welt neu vermessen.»[52] Die zu entwickelnden Kategorien der Digitalität, die uns Orientierung bieten sollen, müssen mit herkömmlichen philosophischen Kategorien in ein kritisches Gespräch gebracht werden: den aristotelischen ontologischen Kategorien, den transzendentalen Kategorien Immanuel Kants und den Existenzialien Martin Heideggers.

Die Kategorien der Digitalität, die *Digitalien*, wie sie im Folgenden entwickelt werden sollen, unterscheiden sich darin von denjenigen der philosophischen Tradition, dass sie einer veränderten Raum- und Zeitlogik gehorchen, die aus der Digitalisierung unserer Lebenswelt folgen.[53] Nähe und Ferne, Vergangenheit, Gegenwart und Zukunft werden im Rahmen der Digitalität auf neue Weise geordnet, indem Distanzen – seien sie räumlich oder zeitlich – zunehmend an Bedeutung verlieren, ja koinzidieren. Auf diese Raum- und Zeitlogik, die mit den neuen Medien einhergeht, hat Manuel Castells zurecht hingewiesen: «[D]as neue Kommunikationssystem [transformiert] Raum und Zeit, die fundamentalen Dimensionen des menschlichen Lebens radikal.»[54] Im Gegensatz zur aristotelischen Ontologie existieren Dinge im Rahmen der Digitalität nicht mehr voneinander als Substanzen getrennt, sondern als miteinander intim und *ubipräsent* vernetzt.[55] Im Gegensatz zu den kantischen Kategorien sind die Digitalien nicht an die transzendentale Subjektivität gebunden, sondern wesentlich *transsubjektiver* Natur, im Sinne unserer Erweiterung und Entäußerung. Im Gegensatz zu Heideggers Existenzialien des Daseins ist unser Verhältnis zur digitalen Lebenswelt nicht dasjenige der Zuhandenheit, des Gebrauchs und des Verweisungszusammenhangs, oder gar des «Gestells», sondern der Interobjektivität.[56]

Gemäß diesem Verständnis von Digitalität gliedert sich die folgende Untersuchung. Nachdem zunächst Digitalität von Digitalisierung philosophisch unterschieden wurde, wird der Begriff der Virtualität als zentrale Kategorie für das weitere Verständnis kritisch bestimmt und analytisch eingeführt. Der Begriff der Virtualität wird sodann vom überkommenen Verständnis im Sinne einer Simulation oder Illusion abgegrenzt, um eine kategoriale ontologische Basis für die weitere Untersuchung zu legen. Ein solcher kritischer Begriff von Virtualität kann damit aufs Engste mit dem Begriff der Realität in eine Verbindung gebracht werden. Virtualität und Realität stehen sich demnach nicht mehr kategorial entgegen, sondern Virtualität wird zu einer genuinen *Form* und *Spezifikation* von Realität. Dies erlaubt es, Virtualität im Sinne einer Ontologie der Freiheit zu bestimmen und menschliche Existenz als Existenz *alternativer Realisierbarkeit* zu verstehen, jenseits von bloßer Simulation und Illusion. Virtualität, so die zentrale These, wird immer mehr als eine Existenz- und Lebensform des Menschen sichtbar, die sich als *Ontologie der Alternativität* näher bestimmen lässt.

Im zweiten Teil der Arbeit werden drei zentrale Kategorien der Digitalität («Digitalien») entwickelt, und dies entlang der drei Paradigmen der Digitalität, nämlich (i) des Internets, (ii) der KI und (iii) des Computerspiels:

Ubipräsenz beschreibt die spezifische Raum-Zeit-Logik der Digitalität, die durch Ortsvielfältigkeit bei gleichzeitiger Simultanität charakterisiert ist. Die Chronotopie der Digitalität zeigt sich insbesondere am Phänomen des Internets. Das Internet vergisst nichts. Es gleicht einem gewaltigen kulturellen Gedächtnis, das alle Informationen durch seine Zeitlosigkeit im virtuellen Raum unmittelbar vernetzt und in neue Ordnungen bringt, die nicht mehr analog kausal zu verstehen sind – sie sind *ubiquitär präsent*. Damit wird nicht zuletzt auch unser gewohnter Begriff von Kausalität durch die veränderte Raum- und Zeitlogik virtueller Realitäten transformiert. Nicht nur unser Realitätsbegriff, sondern auch unser Raum- und Zeitbegriff wird im Rahmen der Digitalität strapaziert.

Interobjektivität beschreibt das Verhältnis von Subjektivität und Objektivität im Rahmen der Digitalität. Es geht dabei um Vernetzungen und Verbindungen, die die Medialität in den Hintergrund rücken lassen und eine *virtuelle Intimität* konstituieren. Virtuelle Realitäten und Objekte stehen in einem viel engeren Verhältnis zueinander als es physikalische Objekte und Substanzen tun. Der Begriff der Interobjektivität kann insbesondere am Beispiel der Mensch-Maschine-Interaktion durch künstliche Intelligenz veranschaulicht werden.

Transsubjektivität schließlich beschreibt Interobjektivität aus subjektiver Perspektive. Mentale Gehalte werden im Internet immer mehr vernetzt und geteilt. Sie lösen sich von der exklusiven Bindung an ihr Subjekt – sie sind *transsubjektiv*.

Abschließend werden vier Perspektiven auf die Digitalität als *lebensweltlich-bedeutsame virtuelle Realität* der Digitalisierung geworfen. Dazu zählen die Ethik des virtuellen Handlungsraumes am Beispiel des Internets, die Ästhetik am Beispiel von Computerspielen und KI im Spannungsfeld von Simulation, Fiktion und Illusion, die Bildung am Beispiel von virtuellen Lehr- und Lernräumen sowie die Aufklärung im Sinne einer anti-technokratischen virtuellen Medienkompetenz, die uns zur Lebensform geworden ist. Der Essay wird beschlossen durch eine Reflexion auf die anthropologischen Dimensionen der Digitalität. Dabei wird nicht der Anspruch erhoben, das überaus komplexe Phänomen der Digitalität philosophisch erschöpfend zu bestimmen. Vielmehr soll dieses Phänomen nur in einen stärker philosophischen Blick gerückt werden, um so eine begriffliche Kartierung des unübersichtlichen Feldes vorzunehmen und weitere Erkundungen zu ermöglichen.

Was ist Virtualität?

Der Begriff der virtuellen Realität erweist sich als Zentralbegriff, um den Begriff der Digitalität zu explizieren.[57] Was aber bedeutet «Virtualität»? Der spanische Soziologe Manuel Castells hat in seinem Buch *Der Aufstieg der Netzwerkgesellschaft* die Kultur der Digitalität als «Kultur der realen Virtualität»[58] bestimmt. Er hat dabei implizit eine ontologische Bestimmung der Digitalität vorgenommen und von einem «digitalen Universum»[59] gesprochen. Darin werden die verschiedensten Formen der Kultur «zu einem gigantischen, nicht-historischen Hypertext» verbunden, die er auch als «symbolische Umwelt» bestimmt, und in welcher «die Virtualität zu unserer Wirklichkeit» wird.[60] Kultur stellt demnach immer schon eine virtuelle Realität dar, so dass eine unmittelbare, eigentliche Erfahrung der Wirklichkeit nicht existiere:

> Alle Wirklichkeiten werden durch Symbole kommuniziert. Und in der menschlichen, interaktiven Kommunikation sind unabhängig vom Medium alle Symbole im Hinblick auf den ihnen zugeschriebenen semantischen Sinn etwas verschoben. In gewisser Weise wird jede Realität virtuell wahrgenommen.[61]

Castells grenzt in diesem Zusammenhang virtuelle Realität von realer Virtualität ab. Die reale Virtualität ist dadurch ausgezeichnet, dass nicht mehr die Differenz des Symbolischen zur Realität entscheidend ist, sondern der «binäre[] Code: Präsenz/Absenz im Multimedia-Kommunikationssystem»,[62] da die Symbole nun hypertextuell aufeinander verweisen und so eine eigene Realität konstituieren. Castells versteht dieses «neue Kommunikationssystem», welches die reale Virtualität der Digitalität repräsentiert als ein System, in dem die Wirklichkeit selbst (d.h. die materielle/symbolische Existenz der Menschen) vollständig eingefangen ist, völlig eingetaucht in eine Umgebung virtueller Bilder, in der Welt des Glaubenmachens, in der die Erscheinungen nicht nur bloß auf dem Bildschirm sind, durch den die Erfahrung kommuniziert wird, sondern in der sie die Erfahrung werden. Alle Botschaften aller Art werden in das Medium eingeschlossen, weil das Medium so umfassend, so diversifiziert, so formbar geworden ist, dass es die ganze menschliche Erfahrung in denselben Multimedia-Text absorbiert, Vergangenheit, Gegenwart und Zukunft wie in jenen einzigen Punkt des Universums»[63].

Castells bemerkt im Rahmen seiner kultursoziologischen Analyse der Digitalität, dass darin auch unsere bisherige Ordnung von Raum und Zeit als den «fundamentalen Dimensionen des menschlichen Lebens» transformiert werden:

> Örtlichkeiten werden entkörperlicht und verlieren ihre kulturelle, historische und geografische Bedeutung. Sie werden in funktionale Netzwerke integriert, oder auch in Collagen von Bildern. Dadurch entsteht ein Raum der Ströme anstelle eines Raums der Orte. Die Zeit wird in dem neuen Kommunikationssystem ausradiert, wenn Vergangenheit, Gegenwart und Zukunft programmiert werden können, um miteinander in ein und derselben Botschaft zu interagieren. Der *Raum der Ströme* und die *zeitlose Zeit* sind die materiellen Grundlagen einer neuen Kultur, welche die Verschiedenheit der historisch überkommenen Systeme der Repräsentation überschreitet und in sich einschließt: die Kultur der realen Virtualität[64].

Wie ist Castells soziologische Theorie der Digitalität philosophisch zu bewerten? Problematisch ist dabei besonders die Unterscheidung von virtueller Realität und realer Virtualität, die suggeriert, bei virtueller Realität handle es sich nur um eine symbolische Repräsentation und eine hermeneutische Erfahrungsdimension. Castells Begriff virtueller Realität basiert auf der postmodernen Prämisse, dass es *die* Realität nicht gebe, sondern nur Interpretationen von ihr und symbolische Bezugnahmen, wie er mit Bezug auf Roland Barthes und Jean Baudrillard argumentiert.[65]

Durch Castells postmoderne Prämisse wird jedoch die entscheidende *begriffliche* Differenz zwischen virtueller Realität, Realität und bloßer Simulation nicht angemessen berücksichtigt. Genau genommen bedeutet virtuelle Realität nämlich keine bloße Simulation, wie es die Rede von einer «*virtual reality*» (VR) nahelegt. Der hierbei verwendete Realitätsbegriff ist nicht präzise bestimmt, denn Realität ist scharf von bloßer Simulation zu unterscheiden, auch wenn Simulationen freilich real, d.h. tatsächlich stattfinden und kausal relevant sein können.[66] Begrifflich sind Simulationen den Realitäten aber immer nur ‹ähnlich›, denn sie weichen in vielen Aspekten gerade von der Realität ab, indem sie fokussieren, simplifizieren, abblenden und modulieren. In dieser relativen Freiheit gegenüber der Realität ähneln Simulationen in vielen Hinsichten Fiktionen, die sich jedoch noch weiter von der Realität entfernen und nicht mehr in (partieller und relativer) struktureller Analogie zur Realität stehen, sondern sich absolut emanzipiert haben, eine Eigenlogik fiktionaler Gegenstände und Welten konstituieren.[67] Es gilt daher, den Begriff der virtuellen Realität mit Blick auf die Begriffe der Realität, der Simulation, der Illusion und der Fiktion näher zu bestimmen.

Hinsichtlich der Begriffsgeschichte von Virtualität, deren philosophische Ausarbeitung nach wie vor als ein Desiderat gelten darf, lassen sich zwei Traditionen unterscheiden:[68] Eine ältere, auf Aristoteles und die scholastische mittelalterliche Tradition zurückgehende Begriffsverwendung versteht Virtualität im Sinne von lat. *virtus*, also Kraft. Sie ist damit nicht der Wirklichkeit entgegengesetzt, sondern aufs Engste auf sie bezogen, und zwar auf eine *dynamische* Weise. In der jüngeren Tradition hingegen, die Marie-Laure Ryan mit dem 18. und 19. Jahrhundert einsetzen lässt, hat sich die Bindung der Virtualität an die Realität immer mehr gelöst, wobei nun im Sinne einer optischen Täuschung Virtualität zum Inbegriff des nur *scheinbar* Realen, zur Illusion und Fiktion geworden ist. Einher geht mit dieser ontologischen Bedeutungsverschiebung auch eine normative Pejoration des Ausdrucks. Die Entwicklung der neuen Medien, wie sie seit den 50er Jahren des 20. Jahrhunderts an Fahrt aufgenommen hat, verortet Ryan zwischen diesen beiden Extrempositionen. Allerdings ist diese Verortung der neuen Medien insofern problematisch, als sich in jüngster Zeit zunehmend der *ältere* Virtualitätsbegriff bemerkbar macht. Denn die neuen Medien erscheinen nicht mehr nur als Kräfte, sondern selbst als Realitäten – *virtuelle* Realitäten. Nicht mehr erscheint Virtualität als Form der Illusion, sondern als genuine *Form* von Wirklichkeit.[69]

Der Begriff der Virtualität wird jedoch nicht erst im Rahmen der Digitalisierung bedeutsam, wie Mark Grimshaw in seiner Einleitung zum *Oxford Handbook of Virtuality* betont hat: «[D]espite its recent connection to the digital domain, the virtual has a long bloodline concerning its relationship to the real and the actual and that ideas and applications of modern digital virtuality are merely late arrivals to the party.»[70] Virtuelle Realitäten lassen sich auf verschiedene Weise erzeugen, die zunächst einmal nichts oder nur sehr wenig mit den neuen Medien zu tun haben. Zu ihnen zählen z.B. solche sozialen Institutionen wie Geld.[71] Virtuelle Realitäten sind raum-zeitlich unabhängig von ihren physischen Vorbildern. Wir können den Prozess der Loslösung von unmittelbar, raumzeitlich gebundenen und abhängigen Prozessen und Gegenständen, wie etwa dem Wert von Naturalien, *Virtualisierung* nennen. Natürliche Werte lassen sich in Münzgeld eintauschen, welches von dem natürlichen Gegenstand raumzeitlich unabhängig wird. Münzgeld wiederum kann in Banknoten umgesetzt werden, worin sich eine noch stärkere Unabhängigkeit von der materiellen Basis zeigt, da der Papierschein als solcher – anders etwa als das Metall der Münze – so gut wie keinen materiellen Wert mehr besitzt – der Wert also fast vollständig *virtualisiert* wurde. Ein nächster Schritt, sich von der materiellen Basis des Papierscheins virtualisierend zu lösen, könnte etwa darin bestehen, dass wir den Wert des Geldscheins auf ein Bankkonto transferieren und am Ende dieses Virtualisierungsprozesses ein Online-Guthaben besitzen, welches selbst nicht mehr unmittelbar an einen bestimmten materiellen Träger gebunden ist. Freilich ist auch ein Online-Guthaben auf eine vermittelte Weise von physischen und physikalischen Grundlagen abhängig, wie etwa den Computern und Servern, den Datenleitungen und der Elektrizität. Doch geht der Wert des Guthabens darin nicht auf. Der Wert eines Gegenstandes kann also auf ganz verschiedene Weise virtualisiert werden, wobei mit zunehmender Virtualisierung die räumliche und zeitliche Verortung des Wertes immer mehr an Bedeutung verliert.

Es lassen sich nun aber nicht nur Werte mithilfe von Geld virtualisieren, sondern auch tradierte Gegenstände und Prozesse. Der mehrbändige Brockhaus etwa, der in größeren zeitlichen Auflagen aktualisiert wird und bis dahin zunehmend an Aktualität verliert, der mehrere Regalmeter einnimmt und sich an einem bestimmten Ort in räumlicher imposanter Ausdehnung erstreckt, kann ebenso virtualisiert werden. Zu denken ist hier etwa an Wikipedia, die freie Internet-Enzyklopädie, die von einigen Seiten gar als neues «Weltwunder» bezeichnet wird.[72] Die Virtualisierung des Wissens, wie wir sie im Phänomen der Wikipedia finden, bedeutet im Gegensatz zum Brockhaus verschiedene Neuerungen, die sich vor allem in räumlicher und zeitlicher Dimension manifestieren. Zunächst fällt auf, dass Wikipedia nicht mehr an einem bestimmten Ort physisch existiert, wie es der Brockhaus tut. Wir können nicht mittels von Koordinaten die Lage von Wikipedia angeben, sondern greifen über eine zentrale Domain *gemeinsam* darauf zu. Wir greifen aber nicht nur auf Wikipedia gemeinsam zu, sondern tragen *selbst* zum Informationsgehalt bei, erweitern, kommentieren und verknüpfen das Wissen in Echtzeit. Hier zeigen sich die Dimensionen der Gemeinschaftlichkeit und Referentialität, von denen Stalder mit Blick auf die Kultur der Digitalität spricht. Die Zeit wird im digitalen virtuellen Raum zu einem bloßen Metadatum, welches nicht die Substanz eines Dinges betrifft. Ein Brockhaus ist physischen Alterungsprozessen ausgesetzt, Wikipedia nicht. Wikipedia vergilbt nicht und veraltet nicht, da sie im virtuellen Raum existiert. Wir können den Prozess der Virtualisierung auf ganz verschiedenen Ebenen unserer Lebenswelt beobachten. Virtualisierung ist also kein Phänomen, das exklusiv der Digitalisierung zu verdanken ist. Denn Virtualität beschreibt eine Grundtendenz der menschlichen Freiheit, Bekanntes auf eine neue und bessere Weise alternativ zu realisieren. Doch zeigt sich diese Grundtendenz ontologischer Alternativität besonders, oder genauer gesagt: *paradigmatisch* am Beispiel der Digitalisierung.

Der physische Raum wird im digitalen virtuellen Raum zu einer komplexen Orientierungsrelation. Denn der Begriff des Raumes lässt sich über den Begriff der Ausdehnung weiter explizieren, die auf ganz verschiedene Weise realisiert werden kann, etwa dort, wo Verbindungen hergestellt und aufrecht erhalten werden, wie auch der «space of reasons»[73]. Ein Raum ist also immer ausgedehnt, wobei die Ausdehnung in verschiedenen Weisen verstanden und realisiert werden kann. Im Gegensatz zum physischen Raum erweitern wir diesen *selbst* im virtuellen Raum durch sinnvolle Verknüpfungen, oder wir verringern ihn, indem wir Verbindungen (zer)stören. Das Internet ist nicht nur informationell, sondern auch performativ ein Raum. Es ist ein Raum der Möglichkeiten für virtuelle Realität.

Die virtuelle Realität, die mit der Digitalität einhergeht, verdankt sich der Digitalisierung. Diese stellt jene Mittel zur Verfügung, die wir für die konsequente Entfaltung einer virtuellen Realität benötigen. Wie aber müssen wir genau Virtualität bzw. virtuelle Realität verstehen? Wir können den Kraft-Aspekt der Virtualität im Sinne von kausaler Wirkmächtigkeit verstehen, die wiederum auf ein reales Moment der Virtualität verweist. Virtualität, verstanden als bloße Simulation, wäre also zu schwach, da hier der (kausale) Kraft-Aspekt zu kurz käme. Denn Simulationen haben nur insofern kausale Kraft, als sie als Mittel zu einem bestimmten Zweck verwendet werden, und von einem Vorbild, nämlich der simulierten Realität, ontologisch abhängig sind. Wir können bestimmte Gegenstände oder Prozesse noch so gut simulieren – am Ende erhalten wir doch keine Realität, sondern nur eine analogische Annäherung. Die kategorische Differenz zwischen Simulation und Wirklichkeit ist durch eine Steigerung der Simulation nicht aufzuheben. Ihr fehlt es an kausaler Wirksamkeit. Anders hingegen verhält es sich mit virtueller Realität.

Diese neuen ontologischen Möglichkeiten der Realisierung entstehen dadurch, dass virtuelle Realitäten einer anderen Raum-Zeit-Logik gehorchen als ihre physisch gebundenen Vorbilder. Sie bedienen sich dazu anderer Medien und Realisierungsweisen, wie etwa der Digitalisierung. Doch inwiefern sind virtuelle digitale Objekte als real anzusehen? Wir können neben virtuellen Gegenständen auch noch fiktive Gegenstände und Figuren unterscheiden, wie sie etwa in Filmen oder Büchern vorkommen. Doch können wir mit literarischen Fantasiefiguren niemals interagieren, und von diesen gehen auch keine kausalen Kräfte aus. Wenn virtuelle Gegenstände nicht nur fiktiv sind, sondern kausale Kräfte besitzen, dann scheinen wir gezwungen zu sein, sie als ebenso real wie physikalische Objekte anzusehen. Virtuelle Gegenstände ähneln damit mentalen Phänomenen wie Gedanken. Auch diese besitzen kausale Kräfte und stellen eine eigene ontologische Realität dar, die nicht auf die sie erzeugende Struktur – das physikalische Gehirn in Analogie zur Computerhardware oder dem Quellcode – reduzierbar ist, ohne an Bedeutung zu verlieren.

Einer der Pioniere auf dem Feld der philosophischen Virtualitätsforschung, Michael Heim, hat in seinem bereits 1993 erschienenen Buch *The Metaphysics of Virtual Reality* virtuelle Realität als «totally immersive computer simulation»[74] bestimmt. In seinem darauf folgenden Buch *Virtual Realism*, dessen Cover bezeichnenderweise eine VR-Brille ziert, bestimmt er den virtuellen Realismus lebensweltlich als «an art form, a sensibility, and a way of living with new technology»[75]. Auffällig ist hierbei, dass die virtuelle Realität diesem Verständnis nach immer noch den Charakter einer Simulation besitzt, auch wenn sie lebensweltliche Bedeutung und damit eine gewisse ontologische Signifikanz erlangt hat. Zwar wird Virtualität als ein besonders Phänomen wahrgenommen, welches durch neuere technologische Innovationen Bedeutung erlangt. Unklar ist jedoch nach wie vor ihre genaue ontologische Bedeutung, die häufig im Sinne bloßer – wenn auch artifizieller – Simulation reduziert wird.[76] Lange Zeit war die Tendenz vorherrschend, Virtualität und Realität als Gegenbegriffe zu verstehen, die sich zwar nicht kategorisch entgegenstehen, sondern sich in einer Art Kontinuum ineinander überführen lassen.[77] Doch auch eine solche Kontinuitätstheorie des Virtuellen vermag es nicht, den ontologischen Status von virtueller Realität jenseits von bloßer Simulation oder Illusion angemessen zu verstehen. Denn damit entstehen *ontologisch hybride* Bereiche, die gerade nicht zur Klärung des Verhältnisses von Virtualität und Realität beitragen.

Angesichts der Entwicklungen der neuen Medien hat der Begriff der Virtualität jedoch weniger mit Blick auf die Simulation als auf die *Wirklichkeit* verstärkte Beachtung erfahren. Es hat gar den Anschein, als werde mit stetiger Entwicklung der neuen Medien die Bereitschaft immer größer, virtuelle Realität als Realität eigener Art anzuerkennen und von bloßer Simulation oder Illusion zu unterscheiden. Bezeichnend für diese Tendenz innerhalb der Forschung sind zwei Handbücher – das *Oxford Handbook of Virtuality*[78] und das *Handbuch Virtualität*[79]. Die Herausgeber des letzteren halten gleich zu Beginn ihrer Einleitung die irreduzible, lebensweltliche Bedeutung der Virtualität fest:

> Virtualität hat im 21. Jahrhundert eine Normalisierung in zahlreichen gesellschaftlichen Bereichen erfahren. War das Virtuelle noch bis zum Ende des 20. Jahrhunderts von euphorischen bis apokalyptischen Reaktionen um den Menschen im Cyberspace begleitet, hat es inzwischen Eingang in zahlreiche standardisierte Praktiken gefunden.[80]

Mehr noch:

> Das Virtuelle ist also nicht länger ein Modell für einen technischen Eskapismus aus der Lebenswelt, sondern sie eröffnet eine kaum überschaubare Fülle von Szenarien des Einstiegs *in* und des Anschlusses *an* diese. Virtualität ist wie das, was wir Natur nennen oder was lange Zeit so genannt wurde, Teil unserer Lebenswelt – und das in der Fülle aller möglichen Bezüge.[81]

Das Phänomen der Virtualität wird also immer mehr als ein *Modus von Realität* und gerade nicht mehr als eine Art von Realitätsverweigerung oder Realitätsflucht sichtbar:

> Statt Formen der Isolation zu befördern, gehen virtuelle Realitäten mit einer Fülle neuer und veränderter Interaktionsmöglich-

keiten und Sozialformen einher. Das Virtuelle wird auf diese Weise nicht nur zu einem Resonanzraum sozialer Phänomene, es wird zum Ort der Konstruktion und der Aushandlung neuer Sozialitäten und Umgangsformen sowohl von menschlichen als auch von nicht-menschlichen Akteur*innen.[82]

Im Zuge dieser lebensweltlichen Integration der Virtualität als unhintergehbares Faktum und Phänomen konstatieren die Herausgeber, «dass eine Dichotomie von real und virtuell heute nicht mehr aufrechtzuerhalten ist»[83]. Wie genau das Verhältnis von Realität und Virtualität zu denken ist, muss aber noch philosophisch geklärt werden.

Die lebensweltliche Bedeutung virtueller Realität darf jedoch keinesfalls darüber hinwegtäuschen, dass ihr Begriff nach wie vor hochproblematisch ist. Dies gilt sowohl in normativer wie in deskriptiv-definitorischer Hinsicht. Es ist nicht übertrieben, wenn die Herausgeber des *Handbuchs Virtualität* von einer «schlechte[n] Beleumundung des Virtuellen» sprechen und von «einer Begriffsgeschichte, die das Virtuelle in einem semantischen Feld verortet, das häufig negativ konnotiert ist.»[84] Gerade aus philosophischer Perspektive ist deswegen auch der Begriff der virtuellen Realität problematisch. Philip Brey bemerkt zum Begriff der Virtualität aus philosophischer Perspektive: «Currently, there is widespread ontological confusion about virtual reality and its relation to the real world, which contributes to a flawed understanding of virtual reality and its potential.»[85] Dies darf jedoch nicht zu der begrifflich resignativen These führen, «dass die Versuche einer trennscharfen Unterscheidung von Realem und Virtuellem sich als nicht operabel erwiesen haben»[86]. Vielmehr gilt es, den Begriff der Realität so auf den der Virtualität zu beziehen, dass sich virtuelle Realität einerseits als genuine *Form* von Realität erweisen lässt, dass aber andererseits damit keine Nebenwelt eröffnet wird, die jeden Bezug zur physischen Realität verliert.

Die ontologische Konfusion bezüglich des Begriffs virtueller Realität rührt daher, dass wir nicht umhinkönnen, virtuellen Gegenständen und Prozessen eine gewisse Realität zuzugestehen, obwohl sie von der physischen Realität gänzlich verschieden sind. Philip Brey konstatiert: «Virtual objects do exist, they populate the virtual environments used by millions of users all over the world, and they are things we refer to and interact with», und fragt gleich danach: «But how can we then say that something exists and at the same time is not real?»[87] Hier könnte man nun argumentieren, dass virtuelle Gegenstände bloße Simulationen von realen Gegenständen seien. Tatsächlich müssen wir simulierte Gegenstände von virtuellen Gegenständen unterscheiden. Denn während Simulationen von ihren realen Vorbildern abhängig sind, sie diese nur modellhaft darstellen, indem sie von ihrer gesamten Wirklichkeit abstrahieren, besitzen virtuelle Gegenstände eine gewisse Autonomie, die sie von ihren physikalischen Vorbildern unterscheiden und davon unabhängig und eigenständig werden lassen.[88] Sie können gar ein Eigenleben entwickeln und fiktive Eigenschaften hinzugewinnen, die ihnen normalerweise gar nicht zukommen. Deswegen müssen wir virtuelle Gegenstände sehr wohl als reale Objekte verstehen, worauf Philip Brey hingewiesen hat: «Digital objects qualify as objects because they are persistent, unified, stable structures with attributes and relations to other objects, and agents can use and interact with them.»[89] Die Ontologie virtueller digitaler Gegenstände unterscheidet sich fundamental von substanzontologischen Zugriffen auf die Welt, die am Paradigma physischer Gegenstände orientiert ist, worauf wiederum Yuk Hui aufmerksam gemacht hat:

> [P]hilosophical conceptualizations of the object, as developed, for instance, from Aristotle to late modern philosophy, passing by thinkers such as Descartes, Kant, Hegel, and Husserl, have mainly been concerned with questions of the substance and appearance of things, have largely been limited to the understanding of natural objects and have thus been unable to address the question of digital objects.[90]

In der neueren philosophischen Debatte hat David Chalmers den Begriff der virtuellen Realität in einem stärker ontologischen Sinne bestimmt und dazu zwischen einem «virtual realism» und einem «virtual irrealism» unterschieden.[91] Chalmers vertritt im Sinne eines virtuellen Realismus die These, dass Erfahrungen in der virtuellen Realität gerade nicht Illusionen sind, wie es ein virtueller Irrealismus behauptet, sondern einen eignen ontologischen und normativen Status besitzen, auch wenn er das Phänomen der virtuellen Realität immer noch stark von der technischen Seite her versteht.[92] So definiert Chalmers virtuelle Realität als «an immersive, interactive, computer-generated environment»[93]. Der Begriff der Immersion legt hier nahe, dass wir in eine künstlich generierte virtuelle Welt ‹eintauchen› müssen, was den Anschein einer – wenn auch komplexen – Illusion erweckt.

Wir können jedoch virtuelle Realität jenseits ihres immersiven Charakters ontologisch noch stärker bestimmen. Virtuelle Realitäten sind *Realitäten eigenen Rechts*, die nicht von einer anderen Realität strukturanalog abhängen, wie es Simulationen tun. Ebenso müssen virtuelle Realitäten von bloßen Fiktionen und Illusionen unterschieden werden. Denn Fiktionen und Illusionen *evozieren* und *imaginieren* nur Realitäten, auf die wir uns zwar immersiv einlassen können, die jedoch als solche keine kausale Kraft besitzen, um ihr den Status von substanzieller Realität zu verleihen. Virtuelle Realitäten hingegen fusionieren simulative und fiktionale Momente, insofern sie einerseits *formal* wie eine Simulation auf eine vorgegebene Realität bezogen sind, von dieser *material* wie eine Fiktion verschieden sind, dies jedoch unter Wahrung ihrer ontologischen Eigenständigkeit und kausaler-teleologischer Wirksamkeit.

Wir können diese Dimension der Digitalität insbesondere anhand des Internets nachvollziehen. Denn das Internet ist weniger ein Medium als ein virtueller Handlungsraum, in welchem virtuelle Objekte und Prozesse durch die Relation der Reibungslosigkeit verbunden sind, welche Luciano Floridi sehr treffend als «Daten-Supraleitfähigkeit»[94] bestimmt hat. Indem wir im virtuellen Handlungsraum des Internets interagieren, verändern wir den Handlungsraum selbst, vergrößern oder verengen ihn, je nachdem, wie sinnvoll unsere Verbindungen von Informationen sind. Die «informationelle Reibung»[95], die wir in der physischen raum-zeitlichen Realität erfahren, verliert so immer mehr an Bedeutung. Es kommt hierbei jedoch darauf an, diese Reibungslosigkeit nicht als ein rein technisches Phänomen der Digitalisierung zu bestimmen, indem wir etwa auf die Lichtgeschwindigkeit der Datenübertragung im Internet reflektieren. Vielmehr müssen wir sie im Sinne einer virtuellen Realität begreifen, welche die Topologie der Digitalität ontologisch-relational bestimmt: Die Reibungslosigkeit des virtuellen Raumes ist eine qualitative Auszeichnung vor dem analogen Raum, die gewichtige ontologische Konsequenzen hat. Auf der Reibungslosigkeit der Infosphäre emergieren virtuelle Handlungen. Diese Reibungslosigkeit charakterisiert die besonders enge Vernetzung, durch die der virtuelle Handlungsraum eröffnet wird. Handlungen werden im Internet in ihrer physischen Extension aufs Engste reduziert und konzentriert, beinahe so, wie wir Gedanken durch den puren Entschluss steuern und lenken, die keiner Körperlichkeit mehr bedürfen.

Virtuelle Realitäten lassen sich auf verschiedene Weise auch ohne digitale Technik erzeugen, und zu ihnen zählt etwa Papiergeld, wie wir im Vorigen sahen. Hieran wird deutlich, dass virtuelle Realitäten insofern real sind, als von ihnen kausale Kräfte ausgehen, die zwar auf der ihnen zugrundeliegenden materiellen Struktur emergieren, jedoch nicht auf sie ohne Bedeutungsverlust reduziert werden können. Gerade das Phänomen des Geldes darf als ein «Paradebeispiel für das Virtuelle»[96] gelten.[97] Setzt man an dem alltäglichen Phänomen des Papiergeldes als virtueller Realität an, so lässt es sich so bestimmen, dass es nicht ohne Bedeutungs- und mehr noch: Wertverlust auf die es fundierende materielle Basis reduziert werden kann. Dies wäre nur bei Spiel- oder Falschgeld der Fall – hier handelte es sich nicht um eine virtuelle Realität, sondern um eine Simulation oder Illusion bzw. Täuschung. Es stellt sich also die Frage nach dem genauen Verhältnis von fundierender materieller Basis und emergierender virtueller Realität – nicht zuletzt auch angesichts des Verhältnisses von digitaler Computerhardware und digitalem Code gegenüber der darauf emergierenden digitalen virtuellen Realität.

Das Verhältnis von physischer Realität und virtueller Realität darf jedenfalls nicht so verstanden werden, dass letztere gänzlich unabhängig von ersterer besteht, also einen Dualismus begründet. Jeff Malpas hat deswegen treffend von der «*non-autonomy* of the virtual»[98] gesprochen: «the virtual does not constitute an autonomous, independent, or ‹closed› system, but is instead always dependent, in a variety of ways, on the everyday world within which it is embedded.»[99] So richtig die Feststellung dieser Abhängigkeit auch ist, sie sagt doch nichts über die genauere ontologische Struktur virtueller Realität aus – ebenso wie etwa die Feststellung der Abhängigkeit mentaler Phänomene von der sie erzeugenden hirnorganischen Struktur nichts über die eigene Phänomenalität von subjektiven Erlebnisqualitäten aussagt.

Auch spricht Malpas von einer «primacy of the world of the everyday»[100] gegenüber der vituellen Realität, ganz so, als ob virtuelle Realität nicht immer schon Teil unserer Lebenswelt wäre – wie wir anhand des Beispiels des Geldes bereits sahen. Seine Rede von der «causal and contentual dependence of the virtual on the nonvirtual»[101] wird insofern der ontologischen Bedeutung virtueller Realität nicht gerecht. Denn ihre Abhängigkeit von den sie erzeugenden materiellen Strukturen bedeutet keinesfalls eine ontologische Nach- oder Unterordnung. Ganz im Gegenteil: Die Tatsache, dass virtuelle Realitäten auf physikalischen Realitäten emerigieren deutet an, dass es sich dabei um *ontologisch höherstufige* Entitäten handelt. Malpas' Rede vom «everyday», welches virtuelle Realtät fundiert, ist ontologisch unterbestimmt, und insofern auch seine These, wonach «virtual domains are invariably structured in ways that closely parallel the everyday» und wonach diese nur «impoverished and limited versions of the everyday» seien.[102] Deswegen ist auch seine These in Frage zu stellen, wonach «[t]he virtual does not introduce any special legal or ethical problems that are peculiar to the virtual alone»[103]. Malpas' These, «the virtual is causally and contentually interconnected with the everyday», muss insofern näher darauf hin untersucht werden, *wie genau* diese Verbindung des Virtuellen zur physischen Lebenswelt zu verstehen ist.

Die virtuelle Realität hängt mit der physischen Realität insofern zusammen, als sie *auf ihr* emergiert. Dies bedeutet freilich nicht, dass sie *nur* auf ihr emergieren kann, sondern es lassen sich andere Szenarien denken, in welcher dieselbe virtuelle Realität auf einer anderen (materiellen) Basis emergiert, was man die *multiple Realisierbarkeit des Virtuellen* nennen kann. Dies lässt sich insbesondere am Phänomen des Geldes zeigen, welches «sich an ganz verschiedene materielle Träger zu binden imstande ist» und daher eine hohe ontologische «Flexibilität» besitzt.[104] Diese Flexibilität des Geldes zeigt sich etwa darin, dass sein Wert ontologisch gleichermaßen durch Papier (als Banknote) wie auch durch digitale Technik (als online-Bankguthaben) realisiert werden kann. Nun ist aber die ontologische Flexibilität des Geldes nur ein notwendiges, jedoch kein hinreichendes Kriterium für dessen virtuelle Realität. Es stellt sich nämlich die Frage, was genau der Grund dafür ist, dass in einem Fall ein Stück Papier einen objektiv-realen Wert hat (eine Banknote) und im anderen Fall nicht (Spielgeld). Dies wirft die Frage nach den Bedingungen auf, unter denen auf einer materiellen (oder technisch-digitalen) Basis eine virtuelle Realität überhaupt emergieren *kann*, und was hier «Emergenz» genau bedeutet. Denn virtuelle Realitäten sind nicht auf eine bestimmte physische Grundlage angewiesen. Sie sind durch ihre flexible Unabhängigkeit vom Physischen *multipel realisierbar*.

In der neueren analytischen Ontologie hat insbesondere Lynne Rudder Baker das Phänomen des Geldes dazu verwendet, um ihre Konstitutionstheorie («constitution view») näher zu explizieren.[105] Baker selbst geht im Rahmen ihrer Theorie zwar nicht explizit auf das Phänomen der virtuellen Realität ein, doch lässt sie sich für die Frage, wie genau die ontologische Flexibilität des Virtuellen zu verstehen ist, fruchtbar machen. Baker bestimmt die Konstitutionsrelation als eine «pervasive relation», die unsere Lebenswelt durchgehend strukturiert:

> The general idea of constitution is this: When various things are in various circumstances, new things — new kinds of things with new kinds of causal powers — come into existence. […] Constitution is everywhere: Pieces of paper constitute dollar bills; pieces of cloth constitute flags; pieces of bronze constitute statues.[106]

Entscheidend für die Konstitution einer Entität ist nach Baker der spezifische *Kontext*, innerhalb dessen etwas konstituiert werden kann: «[W]hen a thing of one primary kind is in certain circumstances, a thing of another primary kind—a new thing, with new causal powers— comes to exist.»[107] Baker spricht hier von neuen kausalen Kräften – ganz im Sinne der Bedeutung *virtueller* Realität – die durch bestimmte Umstände auf ein Phänomen übergehen – wie etwa der Wert einer Banknote auf Basis eines bloßen bedruckten Blattes Papier, welches jedoch durch eine intersubjektive Gemeinschaft und Regeln Verbindlichkeit und Objektivität gewinnt. Baker spricht mit Blick auf diese konstituierenden Umstände G davon, dass sie zwar notwendig, jedoch nicht hinreichend für die Konstitution einer bestimmten Entität F sind. Erst dann, wenn ein geeignetes F sich in den Umständen G befindet, wird es zu G konstituiert.[108]

Bezogen auf virtuelle Realitäten bedeutet dies, dass diese nur unter bestimmten, geeigneten Bedingungen emergieren. Diese geeigneten Bedingungen können, müssen aber nicht digitaler Art sein, wie wir am Beispiel der Banknote sahen. Wollen wir die etwas allgemeine Rede von «geeigneten Bedingungen» weiter analysieren, so bietet es sich an, sie als einen *Kontext von Verbindlichkeit* zu bestimmen. So wie Banknoten nur durch intersubjektive und juristisch garantierte Verbindlichkeiten ihren Wert erhalten, so digitale virtuelle Realitäten entweder durch den spezifischen Ort, den sie einnehmen,[109] oder durch die spezifisch *reibungsfreie* Vernetzung, die sie im Internet erfahren. Dies sei am Beispiel von Computerspielen demonstriert. Computerspiele sind so lange bloße Simulationen oder simulierte Fiktionen, wie sie nur von einer Person gespielt werden, etwa im Falle eines Flugsimulators, der noch so real erscheinen kann.[110] Sobald aber zwei Personen im Medium des Computerspiels interagieren, ist ihre Interaktion keine bloße Simulation mehr, sondern wird zu einer Form virtueller Realität. Deswegen sind insbesondere auch virtuelle Gegenstände in Online-Computerspielen als real anzusehen.[111] Sie werden unter den geeigneten Umständen (wie etwa der Infrastruktur des Internets, des digitalen Programmcodes des Spiels und der Interaktion der teilnehmenden Spieler) als solche konstituiert und sind nicht auf den bloßen Programmcode reduzierbar, ohne ihre Bedeutung (und ihren Wert) zu verlieren.

Es gilt nun, den Begriff der virtuellen Realität mit Blick auf die Begriffe der Realität, der Simulation, der Fiktion und insbesondere der Modalität der Möglichkeit näher zu bestimmen.[112] Wie wir im Vorigen sahen, ist virtuelle Realität von bloßer Simulation streng zu unterscheiden, auch wenn Simulationen freilich real, d. h. tatsächlich stattfinden und kausal relevant sein können. Simulationen sind Realitäten aber immer nur ‹ähnlich›, denn sie weichen in vielen Aspekten gerade von ihnen ab, indem sie simplifizieren und modellieren. In dieser relativen Freiheit gegenüber der Realität ähneln Simulationen in vielen Hinsichten Fiktionen, die sich jedoch noch weiter von der Realität entfernen und nicht mehr in (partieller und relativer) struktureller Analogie zur Realität stehen, sondern sich davon absolut emanzipiert haben und gänzlich verschiedenen Gesetzen folgen können.

Simulationen haben nur insofern kausale Kraft, als sie als Mittel zu einem bestimmten Zweck verwendet werden, von einem Vorbild (nämlich der simulierten Realität) ontologisch abhängig sind. Virtuelle Realität ist hingegen eine Realität eigenen Rechts, die sich von einer vorgegebenen Realität ontologisch emanzipiert hat, auch wenn sie freilich durch die Konstitutionsrelation von ihr abhängt und dadurch keinen Dualismus begründet. Dies bedeutet jedoch nicht, dass sich aus bloßen Simulationen nicht sukzessive virtuelle Realitäten entwickeln können. Die multiple Realisierbarkeit virtueller Realität erlaubt es, auf experimentelle Weise die Simulation sukzessive durch Realisation zu ersetzen und zu erweitern. Dieser Prozess lässt sich als «Virtualisierung» bestimmen, im Sinne einer zunehmenden Loslösung von der simulierten Realität, hin zu einer virtuellen Realität, die auf ihr unter geeigneten Bedingungen emergiert.[113]

Virtualität ist auch nicht dasselbe wie Fiktion. Fiktionen unterscheiden sich dadurch von Simulationen, dass sie sich nicht an der Realität strukturell orientieren, sondern neue Dimensionen eröffnen, denen freilich dadurch die kausale Kraft verloren geht. Virtuelle Realität kann nun so verstanden werden, dass sie sowohl Aspekte einer Simulation wie auch Aspekte einer Fiktion aufweist, sie dabei jedoch kausal wirksam und teleologisch sinnvoll, d.h. realitätsstiftend, fusioniert. Sie orientiert sich an gewöhnlichen bzw. eigentlichen Formen der Realität (dies ist der simulative Aspekt), erweitert diese aber um neue, uneigentliche Aspekte (dies ist der fiktionale Aspekt), und zwar so, dass dabei kausale Kraft bewahrt bleibt oder vielmehr neu emergiert. Virtuelle Realitäten sind, kurz gesagt, *uneigentliche Formen von Realität* und eröffnen damit neue Möglichkeiten, Formen und Räume kausaler Realisierung.

Kategorien

Ubipräsenz

Ihre ontologische Bedeutung erlangt digitale virtuelle Realität dadurch, dass sie einer anderen Raum-Zeit-Logik gehorcht als die sie fundierende physische Realität. Wir sahen bereits am Beispiel der Banknote, und mehr noch am Beispiel des digital realisierten Geldes, dass virtuelle Realität gegenüber der materiellen Realität eine ontologische Flexibilität besitzt. Diese Flexibilität ist wesentlich raumzeitlich begründet. Denn während der Wert einer Banknote durch ihre materielle Bindung prinzipiell zerstört werden kann, ist digital realisiertes Geld vor materieller Vernichtung dadurch gefeit, dass es in ubipräsenter Form vorliegt.

Die «digitale Differenz» zu vollziehen bedeutet, zwischen der technischen Seite, die raumzeitlich lokalisiert ist, und der dadurch erzeugten virtuellen Realität zu unterscheiden, die einer anderen Raum- und Zeitlogik gehorcht. Manuel Castells hat diese durch die paradoxen Begriffe «*Raum der Ströme* und […] *zeitlose Zeit*»[114] bereits vorläufig bestimmt. Raum und Zeit spielen im Bereich der digitalen virtuellen Realität eine andere Rolle als in der physischen Realität. Digitale virtuelle Objekte sind von überall abrufbar, omnipräsent, unmittelbar, zum Greifen nahe. Ortsvielfältigkeit und Omnipräsenz werden darin fusioniert zu einer ubiquitären Präsenz, die nicht mehr primär körperlich zu verstehen ist. Digitale virtuelle Objekte stehen in horizontalen Relationen der Vernetzung zueinander. Diese Vernetzungen sind als Relationen nicht statisch zu verstehen, sondern einem permanenten dynamischen Wandel unterworfen und konstituieren so einen virtuellen Handlungsraum. Die Topologie des virtuellen Raumes lässt sich also sehr wohl im Sinne einer Ausdehnung begreifen, nur ist diese Ausdehnung nicht physisch, sondern virtuell zu verstehen. Damit kommt dem virtuellen Raum eine qualitative Dimension zu: er ist nicht definiert durch Quantität oder Extension, sondern vielmehr durch Intensität und Komplexität. Insofern kann auch eine Bewegung im virtuellen Raum stattfinden, nämlich dann, wenn man Relationen folgt oder neue Beziehungen herstellt, gleich einem Gedankengang, der von ganz verschiedenen Richtungen aus zum Ziel führt.

Die ubipräsente Zeitlogik des digitalen virtuellen Raumes kann mit dem Begriff der C-Reihe der Zeit nach J.M.E. McTaggart näher analysiert werden.[115] McTaggart unterscheidet zwischen einer A-, einer B- und einer C-Reihe der Zeit: Die A-Reihe der Zeit symbolisiert jene subjektive Zeiterfahrung, wonach ein Zeitpunkt in einer Zeitreihe von einem Subjekt aus betrachtet entweder gegenwärtig, vergangen oder zukünftig sein kann. Ob ein Zeitpunkt in einen der drei Bereiche – Vergangenheit, Gegenwart oder Zukunft – fällt, hängt davon ab, wie sich das Subjekt der Zeit dazu verhält. Das indexikalische Wort «jetzt» bezeichnet denjenigen Zeitpunkt, zu dem es ausgesprochen wird, also heute einen anderen Zeitpunkt als morgen. Von dieser subjektabhängigen Zeitauffassung der A-Reihe der Zeit unterscheidet McTaggart eine B-Reihe der Zeit, welche die einzelnen Zeitpunkte nur dahingehend unterscheidet, ob sie früher oder später voneinander auf dem Zeitstrahl liegen. Sie haben also im Gegensatz zur A-Reihe einen subjektunabhängigen zeitlichen Status, der nicht weiter indexiert werden kann. Neben der A- und B-Reihe unterscheidet McTaggart noch eine C-Reihe, die wir dann enthalten, wenn wir die zeitlichen Determinanten abziehen. Diese ist also nicht zeitlich verfasst, sondern besteht aus bloßen Relationen oder Ordnungen von (zeitlosen!) Ereignissen – der relationalen Ontologie, die der Zeit zugrunde liegt. Die C-Reihe hat also im Grunde gar keine exklusive, unumkehrbare Richtung, wie sie der Zeitpfeil hat. Insofern beschreibt die C-Reihe die Zeitstruktur der Digitalität. Diese ist nicht sukzessiv zeitlich, sondern besteht aus Relationen oder Ordnungen von Ereignissen, Gegenständen und Prozessen, die allesamt holistisch miteinander vernetzt sind und durch Bedeutung verstärkt oder geschwächt werden können. Insofern lässt sich durch die C-Reihe die Zeitstruktur der digitalen virtuellen Realität bestimmen, in welcher durch die Komplexität der horizontalen Vernetzungen ebenfalls keine unumkehrbare Ordnung zeitlicher Sukzession herrscht.[116]

Digitale Strukturen eignen sich aufgrund ihrer eigentümlichen Raum-Zeit-Logik ganz besonders dafür, um virtuelle Realitäten zu erzeugen, denn sie garantieren eine inhärente Verbindlichkeit und Objektivität. Digitale Objekte sind – insbesondere durch ihre reibungslose Vernetzung im Internet – überall und jederzeit identisch. Insofern nehmen sie uns jene Arbeit der Verbindlichkeit ab, die wir ansonsten auf uns nehmen müssen, um diejenigen Bedingungen und Milieus durch intersubjektive Regeln und Konventionen zu erzeugen, innerhalb deren erst virtuelle Realität emergieren kann. Die digitale Verbindlichkeit erleichtert also durch ihre Ubipräsenz virtuelle Realität, so dass man von einer «digitalen prästabilierten Harmonie» sprechen kann. Diese strukturelle Verbindlichkeit, welche die digitale Technik mit sich führt, kann mit Blick auf die auf ihr emergierende digitale virtuelle Realität in einem metaphorischen Sinne durchaus als Ort bezeichnet werden, der uns darin Orientierung bietet.[117]

Interobjektivität

Als eine weitere Kategorie der Digitalität soll der Begriff der «Interobjektivität» geprägt werden, komplementär zum Begriff der «Intersubjektivität». Denn digitale Objekte stehen in viel intimeren Relationen zueinander, als es physikalische Objekte tun. Die Spaltung zwischen Subjekten und Objekten wird somit immer mehr aufgehoben. Das Phänomen der Interobjektivität zeigt sich insbesondere am Beispiel künstlicher Intelligenz. Wie kaum ein anderes Thema rückt angesichts der immer weiter voranschreitenden Digitalisierung das Phänomen der künstlichen Intelligenz (KI), speziell der künstlichen neuronalen Netze (KNNs) und des maschinellen Lernens (ML), ins Zentrum des philosophischen Interesses. Während sich viele Studien der Frage nach dem ethischen Status von KI widmen,[118] existieren erstaunlich wenige Untersuchungen, die diesen Begriff philosophisch problematisieren und dazu auf die epistemologische und ontologische *Form* jener Intelligenz fokussieren, die KI besitzt und sich in Form von KNNs und ML phänomenologisch zeigt.[119]

Künstliche neuronale Netze haben wesentlich mit Mustererkennung zu tun. Mustererkennung hat sowohl eine formale («algorithmische») wie auch eine materiale («empirische») Seite.[120] Insofern kann KI nicht ohne weiteres nur auf algorithmische Verfahren reduziert werden. Vielmehr besteht ein komplexes Wechselverhältnis zwischen Algorithmus und Datenbasis, welches im Sinne des Verhältnisses von Anschauung und Begriff verstanden werden kann. Der Algorithmus durchwirkt im Sinne von Stalders Begriff der Algorithmizität die Datenbasis und macht sie als solche erst handhabbar. In Abwandlung von Kants berühmtem Diktum lässt sich sagen: Datenbasierte Anschauungen ohne algorithmische Begriffe sind blind, und algorithmische Begriffe ohne datenbasierte Anschauung sind leer.[121]

Durch ihren Bezug auf die empirische Datenbasis ist KI immer realitätsbezogen. Entscheidend ist dabei, dass wir *selbst* in die Datenbasis eingehen – etwa im Falle von linguistischen Korpora – und auch *selbst* die Algorithmen verfassen. Insofern ist unser Verhältnis zum Prozess künstlicher Intelligenz immer ein – wenn auch stark vermitteltes – *virtuelles Selbstverhältnis*.

Künstliche Intelligenz, wie sie sich am Beispiel maschinellen Lernens manifestiert, ist wesentlich Mustererkennung. Muster lassen sich auf verschiedene Weise verstehen und strukturieren unsere Lebenswelt in verschiedenen Bereichen. In der Wirtschaft betreffen sie Wachstumsmuster und -konstellationen, in der Medizin Krankheitsmuster (visuell, akustisch, olfaktorisch), in der Sprache Sprachmuster (visuell und akustisch), in der Ethik Verhaltensmuster, in der Ästhetik Kompositionsmuster. Durch seine *paradigmatische* Struktur der Digitalität ist KI nicht nur ein Instrument, sondern wird immer mehr Teil unserer Lebenswelt im Sinne einer Erweiterung unseres Denkens und Handelns – jenseits von transhumanistischen Spekulationen. So lässt sich etwa weiter fragen, ob es sich bei KI um ein Medium, um eine Simulation, um ein Subjekt oder um eine virtuelle Realität handelt. Ebenso muss genauer bestimmt werden, in welchem Sinne KI «künstlich» und «intelligent» genannt werden kann.

Um das Verhältnis der «Mensch-Maschine-Interaktion» genauer zu bestimmen, von der oft mit Blick auf KI die Rede ist, soll der Begriff der Interobjektivität eingeführt,[122] vom Begriff der Intersubjektivität abgegrenzt und im Rahmen eines umfassenderen Begriffs der Digitalität – also der lebensweltlichen Bedeutung der Digitalisierung – motiviert werden. Der Begriff der Digitalität erlaubt es, KI nicht als im Rahmen eines Subjekt-Objekt-Schemas verortet zu verstehen, wie es der Ausdruck «Mensch-Maschine-Interaktion» suggeriert, sondern als *Moment einer interobjektiven Lebenswelt*. Erst auf Basis eines solchen Verständnisses im weiteren lebensweltlichen Rahmen der Digitalität und auf Basis vorhergehender begrifflicher Klärungen können ethische Fragen bezüglich KI angemessen thematisiert werden.

Methodologisch werde ich mich aus einer kritischen Mittelposition dem Phänomen der künstlichen Intelligenz zuwenden und mich, analog zur Bestimmung des Digitalitätsbegriffs, von folgenden vier Positionen abgrenzen: (i) der *Ideologisierung* von KI im Rahmen einer transhumanistisch-futurologischen «Silicon-Valley-Ideologie»[123]; (ii) der damit verbundenen Anthropomorphisierung der KI im Sinne eines «modernen Animismus»[124], der KI als eine lebendige Person versteht; (iii) der *Banalisierung* von KI als bloßes Hilfsmittel, d.h. als technologische *Reduktion*; (iv) der *Dramatisierung* von KI als zu bekämpfende Gefahr der Moderne, d.h. als ideologische Gegenposition zu (i).[125] Diese kritische Mittelposition bezüglich KI soll dadurch entwickelt werden, dass KI nicht so sehr als eine bestimmte *Technik* der Digitalisierung, sondern als ein Phänomen im Rahmen der Digitalität verstanden wird. Eine philosophische Analyse von KI hat nicht nur deren technologische Bedeutung zu reflektieren, sondern muss auch ihre lebensweltliche Bedeutung analysieren. Dabei gilt es insbesondere, dualistische Subjekt-Objekt-Spaltungen zwischen Mensch auf der einen, und Maschine auf der anderen Seite zu vermeiden, wie sie einem instrumentellen Verständnis von KI zugrunde liegen.[126] Denn solche Spaltungen zementieren ein technokratisches Verhältnis, in welchem der Mensch zum bloßen Muster und Anwendungsfall vergegenständlicht wird. Ich werde dazu insbesondere auf die interaktive Dimension zwischen Mensch und KI reflektieren, wie sie auch unter dem Begriff der «Augmented Intelligence»[127] firmiert, und diese als eine Dimension von Digitalität und virtueller Realität ausweisen.

Verstehen wir KI nicht nur im Sinne einer Technologie oder eines bloßen Instruments, sondern im Sinne eines Faktors, der unsere Lebenswelt immer mehr durchdringt, prägt und transformiert, so bietet es sich an, KI im Kontext des Begriffs der Digitalität zu analysieren, den Felix Stalder aus kulturwissenschaftlicher Perspektive geprägt hat.[128] Von zentraler Bedeutung für KI erweist sich das Phänomen der Algorithmizität. Algorithmizität bedeutet nach Stalder «automatisierte Entscheidungsverfahren»[129], welche der KI übertragen werden. Sie strukturieren die unüberblickbare Menge an Daten und Informationen so vor, dass sie für individuelle und gemeinschaftliche Bezugnahme handhabbar wird, gewissermaßen als die Bedingung der Möglichkeit von Bedeutungskonstitution.[130] Stalder hat damit KI als einen lebensweltlichen und kulturellen Faktor bestimmt. Im Gegensatz zu Stalder soll im Folgenden jedoch KI nicht im Sinne von Algorithmen und Verfahren verstanden werden, die gleichsam im Hintergrund operieren, sondern im Sinne von komplexen Prozessen, die gegenwärtig unter dem Begriff des «Maschinellen Lernens» (ML) gefasst werden und durch ubipräsente Vernetzung in einen viel engeren lebensweltlichen Bezug zu uns treten, so dass die Unterscheidung von «Mensch» und «Maschine» dabei immer mehr an Bedeutung verliert. Vielmehr wird KI zu einer Dimension unserer digitalen Lebenswelt, trägt also je nach Integration zur Erweiterung oder Beschränkung unseres virtuellen Handlungsraums bei.

Die Rede von einer «Künstlichkeit» der Intelligenz, die durch die neuere technologische Entwicklung ermöglicht wird, ist mehrdeutig. Nach einer schwächeren Lesart spezifiziert «Künstlichkeit» die Intelligenz von technischen Systemen in dem Sinne näher, dass sie menschliche Intelligenz *simulieren*. Nach einer stärkeren Lesart *realisieren* Maschinen hingegen menschliche Intelligenz. Diese beiden Lesarten entsprechen in etwa der Unterscheidung von schwacher und starker KI, wie sie sich mittlerweile eingebürgert hat.[131] Konzeptionen von schwacher KI fassen diese häufig als bloße technische Eigenschaft von Objekten auf und tendieren insofern zu einer Banalisierung oder instrumentellen Reduktion von KI, während Konzeptionen von starker KI die Intelligenz als Eigenschaft eines Subjekts verstehen und damit entweder zu Ideologisierungen, Anthropomorphisierungen oder Dramatisierungen neigen, die jedoch weniger philosophischen als spekulativen Charakter haben. Indem nun weniger auf das Subjekt oder Objekt von KI als vielmehr auf die *Intelligenzleistung* als solche fokussiert wird, lassen sich diese Probleme vermeiden. Zugleich kann KI so lebensweltlich eingebunden und einbezogen werden, dass ihre jeweiligen Leistungen mit den Leistungen von menschlichen Subjekten interferieren, diese erweitern und ergänzen.

Douglas Engelbart hat für dieses vernetzte Verständnis von KI die Wendung «Augmented Human Intellect»[132] geprägt. Er versteht darunter einen «systematic approach to improving the intellectual effectiveness of the individual human»[133]. Allerdings ist diese Erweiterung menschlicher Intelligenz nicht im Sinne von «isolated clever tricks that help in particular situations» zu verstehen. Vielmehr bedeutet «Erweiterung» nach Engelbart ein holistisches und systemisches Phänomen; es betrifft «a way of life in an integrated domain where hunches cut and try intangibles and the human feel for situation usefully coexist with powerful concepts streamlined terminology and notation sophisticated methods and high powered electronic aids.»[134] Thomas Ramge hat deswegen sehr treffend dafür plädiert, KI in diesem lebensweltlich vernetzten Sinne zu verstehen: «Das englische Kürzel AI könnte dann alsbald nicht mehr für Artificial Intelligence stehen, sondern [...] für Augmented Intelligence, also nicht für Künstlichkeit, sondern für Erweiterung.»[135]

Trotz Engelbarts holistischem Ansatz, der die Mensch-Maschine-Interaktion als «set of interacting components rather than by considering the components in isolation»[136] versteht, ist dieser «systematic approach» immer noch zu sehr auf quantitative Leistungssteigerung im Sinne einer «increasing human intellectual effectiveness»[137] ausgerichtet. Diese effektive Erweiterungsleistung wird als bloße Kontinuität gedacht, gleich einer holistischen und systemischen Prothetik. Durch diese instrumentell verstandenen Erweiterungen als «augmentation means»[138] rücken nämlich jene *qualitativen* Dimensionen aus dem Blick, die die virtuelle Realität im Sinne von Digitalität auszeichnen und die mit einer holistischen Integration beider Intelligenzleistungen einhergehen. Ein solches qualitatives und nicht rein quantitativ-instrumentell verstandenes Interferenzmodell von KI legt es nahe, diese nicht im Sinne einer «Mensch-Maschine-Interaktion» zu fassen, sondern im Sinne des Begriffs der Interobjektivität weiter zu analysieren, in welchem menschliche durch künstliche Intelligenz virtualisierend erweitert wird. Die Unterscheidung von starker und schwacher KI ist also nur so lange von Bedeutung, wie man sie im Rahmen eines Subjekt-Objekt-Verhältnisses der «Mensch-Maschine-Interaktion» begreift. Sie wird dann bedeutungslos, wenn wir KI im Rahmen eines Begriffs der Interobjektivität und Digitalität als lebensweltlichen Faktor verstehen.

Die Frage, ob und inwiefern Maschinen intelligent genannt werden können, hat bereits Alan Turing beschäftigt. In seinem klassischen Aufsatz «Computing Machinery and Intelligence»[139] aus dem Jahr 1950 vertritt er die These, dass die Frage, ob und inwiefern Maschinen denken können, nicht sinnvoll direkt beantwortet werden könne – sie sei «too meaningless to deserve discussion»[140]. Interessanterweise argumentiert jedoch Turing dafür, dass diese Frage im Jahr 2000 – eben dem Jahr, mit welchem Felix Stalder die «Kultur der Digitalität» einsetzen lässt – nicht mehr als sinnlos erachtet werden würde: «I believe that at the end of the century the use of words and general educated opinion will have altered so much that one will be able to speak of machines thinking without expecting to be contradicted.»[141] An die Stelle der Frage «Can machines think?» schlägt

Turing vor, die Frage «Are there imaginable digital computers which would do well in the imitation game?» zu setzen.[142] Turing umgeht also eine direkte Definition des Begriffs künstlicher Intelligenz und ersetzt sie durch ein Gedankenszenario, in welchem die Bedingungen dafür entwickelt werden, eine Maschine mit guten Gründen als (künstlich) intelligent bezeichnen zu dürfen.

Seine Ersetzungsthese entwickelt Turing durch das von ihm so genannte «imitation game»[143]. Dieses Experiment, auch «Turing-Test» genannt, besteht zwischen drei Instanzen – einer Frau (A), einem Mann (B) und einer Person (C), welche durch geschickte Fragen das Geschlecht der ihr unbekannten beiden Personen – X und Y – herausfinden soll, die wiederum versuchen, C über ihre Identität im Unklaren zu lassen. Nun wird entweder die Frau oder der Mann durch einen Computer ersetzt, so dass sich als Gelingensbedingung der Zuschreibung von (künstlicher) Intelligenz an den Computer folgende Frage stellt: «Will the interrogator decide wrongly as often when the game is played like this as he does when the game is played between a man and a woman?»[144]

Hier stellt sich nun die Frage, inwiefern das «Bestehen» eines solchen Tests Rückschlüsse auf die «Intelligenz» eines Computers erlaubt. Es liegt zunächst nahe, den Turing-Test im Sinne eines reduktionistischen Behaviorismus zu verstehen.[145] Doch wird ein solcher Einwand den von Turing formulierten Zuschreibungsbedingungen nicht gerecht. Zentral ist hierfür Turings Konzeption des Tests als ein *Spiel*, welches sich zwischen drei Instanzen ereignet. Die Intelligenz des Computers bemisst sich am Grad der Imitationsleistung gegenüber einer natürlichen Person. Diese Imitationsleistung muss sprachlich-argumentativ und dialogisch erbracht werden, d.h. sie muss hochgradig kontextsensibel sein.

Nun ist diese Imitationsleistung, wie auch die Künstlichkeit der Intelligenz, auf zwei verschiedene Weisen zu verstehen. Zum einen kann «Imitation» so viel wie Simulation bedeuten, zum andern aber auch im Sinne einer Duplikation, also Realisierung menschlicher Intelligenz verstanden werden. Auf diesen Unterschied hat insbesondere John Searle hingewiesen.[146] Er argumentiert, dass Computer menschliche kognitive Leistungen nur zu simulieren, jedoch nicht zu duplizieren vermögen – ein Unterschied, den er «key distinction» nennt: «[N]obody supposes that the computer simulation is actually the real thing; no one supposes that a computer simulation of a storm will leave us all wet, or a computer simulation of a fire is likely to burn the house down.»[147] Searle verbindet die «key distinction» zwischen bloßer Simulation und wirklicher Duplikation mit seiner Unterscheidung von Syntax und Semantik.[148] Er argumentiert, dass Computer immer nur syntaktische Operationen zu leisten imstande sind, die jedoch niemals zu semantischem Gehalt führen können, den nach Searle nur mentale Zustände besitzen: «[C]onsciousness, thoughts, feelings, emotions, and all the rest of it involve more than a syntax. Those features, by definition, the computer is unable to *duplicate* however powerful may be its ability to *simulate*.»[149]

Die Unterscheidung zwischen Simulation und Duplikation menschlicher Intelligenz ist jedoch nur so lange von Bedeutung, wie wir sie einer als Subjekt gedachten Maschine zuschreiben. Betrachtet man KI nicht unter dem Gesichtspunkt des Subjekts, sondern als *Prozess* hinsichtlich der Form der Intelligenzleistung und Operation, so wird diese Unterscheidung immer weniger bedeutsam. Diese veränderte Perspektive auf KI ist gleichermaßen von einem bloßen Behaviorismus zu unterscheiden, der nicht die Operationsweise bzw. den Vollzug von KI, sondern nur das Resultat der Operation in den Blick nimmt. Indem KI nicht als Subjekt, sondern als Prozess gefasst wird, lässt sich die Intelligenzleistung in verschiedene lebensweltliche Kontexte einbetten und an bestehende Intelligenzleistungen, wie sie von menschlichen Individuen und Gemeinschaften vollzogen werden, systematisch anbinden. Diese Anbindung wiederum kann im größeren Kontext des Begriffs der Digitalität weiter bestimmt werden.

Mit dem Aufkommen künstlicher neuronaler Netze durch ML sind Formen und Operationen von KI zu beobachten, die in ihrer Leistungsfähigkeit menschliche Intelligenz auf bestimmten Feldern, wie etwa dem Computer-, Schach- und Go-Spiel, aber auch in der Mustererkennung, übertreffen.[150] Versteht man das Künstliche der KI nicht nur im Sinne einer *Simulation* natürlicher Intelligenz, sondern als *neue Realisierungsweise* von Intelligenz, die von menschlicher Intelligenz verschieden ist, so liegt es nahe, das Phänomen im Kontext des Begriffs der virtuellen Realität zu diskutieren. Denn virtuelle Realität ist streng von Simulation zu unterscheiden, auch wenn sich begrifflich ein Übergang von der Simulation zur virtuellen Realität beschreiben lässt, den man «Virtualisierung» nennen kann: Virtuelle Realität beginnt mit der bloßen Simulation, also der modellhaften Orientierung an einer vorgegebenen, ‹natürlichen› Realität, emanzipiert sich dann aber zunehmend davon, und zwar so, dass der simulative Aspekt immer weiter zugunsten eines realisierenden oder duplizierenden Aspekts zurücktritt, bis am Ende überhaupt keine strukturelle ontologische Analogie mehr besteht, sondern nur noch eine *Analogie des Zwecks* und der Kausalität.[151]

In jüngster Zeit hat der Begriff der Virtualität weniger mit Blick auf die Simulation als auf die *Wirklichkeit* verstärkte Beachtung erfahren. Mit der Entwicklung der neuen Medien und ihrer unübersehbar performativ-kausalen Bedeutung wird die Bereitschaft immer größer, virtuelle Realität als Realität eigener Art anzuerkennen und von bloßer Simulation zu unterscheiden.[152] Berücksichtigt man diese Unterscheidung von Simulation und virtueller Realität, so kann das «Künstliche» der KI als Aspekt der Virtualität verstanden werden. Denn damit wird Intelligenz *auf eine neue Weise* kausal realisiert. Diese neuartige Realisierungsweise von Intelligenz zeigt sich insbesondere am Verfahren von KNNs und ML, die zunächst dem menschlichen Gehirn und Lernen nachgebildet sind, also Simulationen darstellen, mit zunehmender Entwicklung aber eine Eigenlogik entfalten, die nicht mehr allein strukturanalog verstanden werden kann.

Insbesondere durch das Aufkommen von maschinellem Lernen zeigt sich, dass die Frage, inwiefern Computer intelligent genannt werden können, nicht so einfach durch die Unterscheidung von Simulation und Duplikation beantwortet werden kann. Von allen bisherigen Formen künstlicher Intelligenz darf das *Deep Learning*, also komplexere künstliche neuronale Netze (KNNs), als die fortschrittlichste gelten. Hier stellt sich nun die Frage, inwiefern die Operationen und Resultate des Netzes als «Lernen», als «Intelligenz» und als «Wissen» bezeichnet werden können. Eine rein behavioristische Beschreibung maschinellen Lernens greift insofern zu kurz, da sie nicht den Prozess betrachtet, der zu den jeweiligen Ergebnissen führt, deren epistemische Bedeutung in Frage steht. Dabei scheint es durchaus angemessen zu sein, mit Blick auf KNNs von einem Lernprozess zu sprechen. Nach mehreren Durchläufen auf Basis großer Informationsmengen kann ein Lerneffekt des Netzes erzielt werden, der in der adäquaten Anpassung der Gewichtungen liegt. Hierin kann eine Art von Wissen erblickt werden, welches durch ein quasi-experimentelles und quasi-empirisches Abstraktionsverfahren erlangt wurde, wie es auch Lebewesen tun.[153]

Doch können wir wirklich davon reden, dass neuronale Netze etwas «erkennen», etwas «wissen» oder gar etwas «denken»? KNNs ordnen Informationen und Daten im Idealfall einer richtigen Kategorie zu; sie erbringen eine Klassifikationsleistung. Entscheidend ist hierbei jedoch, dass ihnen diese Kategorien initial teleologisch vorgegeben werden müssen, auch wenn dann in der Folge sehr komplexe, Abstraktionsleistungen erbracht werden können.[154] Im Falle der Mustererkennung kann man KNNs durchaus so etwas wie eine «bestimmende Urteilskraft» zuschreiben, die Kant als «das Vermögen, das Besondere als enthalten unter dem Allgemeinen zu denken» bezeichnet hat: «Ist das Allgemeine (die Regel, das Prinzip, das Gesetz) gegeben, so ist die Urteilskraft, welche das Besondere darunter subsumiert [...] bestimmend.»[155] Doch operieren KNNs niemals autonom, sondern immer nur hypothetisch, insofern ihnen bestimmte Ziele heteronom vorgegeben werden müssen. Reflektierende Urteilskraft besitzen sie nicht. KNNs sind keine Lebewesen, die eigene individuelle Interessen verfolgen können, oder so etwas wie einen Überlebenstrieb zeigen. Darauf hat Hubert Dreyfus zurecht hingewiesen:

> [H]uman beings are much more holistic than neural nets. Intelligence has to be motivated by purposes in the organism and goals picked up by the organism from an ongoing culture. If the minimum unit of analysis is that of a whole organism geared into a whole cultural world, neural nets as well as symbolically programmed computers still have a very long way to go.[156]

Doch lässt sich KI, obwohl sie selbst kein Lebewesen ist, dennoch in lebensweltliche Kontexte nahtlos integrieren, und zwar so, dass dadurch ein interobjektiver Raum erweitert wird. Insofern lässt sich die Operationsweise von KI *modular* verstehen, im Sinne eines flexiblen Vermögens, welches an menschliche Subjekte lebensweltlich rückgebunden werden kann. Diese Rückbindung erfolgt durch die Vernetzung im Internet so, dass dabei keine raumzeitlichen Distanzen überbrückt werden müssen und der Begriff der «Interaktion» hierfür nicht mehr angemessen ist, da er eine stärkere raumzeitliche Subjekt-Objekt-Spaltung impliziert.

In der aktuellen Debatte hat Luciano Floridi im Rahmen seiner Theorie der Infosphäre (*infosphere*) die lebensweltliche Bedeutung von KI informationstheoretisch weiter bestimmt und im Sinne von «artificial agents» verstanden. Er erweitert damit die Extension des Begriffs moralischer Akteure, indem er KI sowohl unter den Begriff «moral agents» wie auch unter den Begriff von «moral patients» fasst.[157] Floridi entwickelt dazu einen Begriff von «mindless morality»[158], den er auf KI anwendbar hält. Dieser Begriff impliziert, dass KI nicht mentale Eigenschaften wie Intelligenz und Willensfreiheit zugeschrieben werden können. Dennoch argumentiert Floridi, dass künstlichen Akteuren eine *accountability* zugeschrieben werden kann, während ihnen nicht *responsibility* zukommt, die nur diejenigen Personen betrifft, welche den künstlichen Akteur erschaffen und konzipiert haben.[159] Floridi bezieht diese auf den ersten Blick unklare Unterscheidung zwischen *accountability* und *responsibility* auf das Verhältnis von Eltern und Kind. Während Eltern für das Verhalten ihres Kindes mitverantwortlich (*responsible*) sind, können sie nicht juristisch für dessen Taten zur Rechenschaft gezogen werden (*accountable*), sobald es ein gewisses Alter erlangt hat.[160]

Entscheidend für die moralische und ontologische Bestimmung von KI ist nach Floridi der Beschreibungsrahmen und die Abstraktionsebene («level of abstraction»), der ihnen zugrunde liegt. Angewendet auf KI bedeutet dies, dass die Abstraktionsebene der Information («informational level of abstraction») und nicht etwa die von Substanzen gewählt werden muss, um ihre Wirklichkeit zu beschreiben. Die ontologische Ebene der Information ist anders gelagert als etwa die Ontologie Newtons, die von materiellen Gegenständen und Substanzen ausgeht.[161] Entscheidend ist dafür Floridis dezidiert ontologischer Zugang zum Informationsbegriff, den er von einem bloß epistemologischen und semantischen Begriff von Information streng unterscheidet.[162] Dieser Zugriff ermöglicht es Floridi, die gesamte Wirklichkeit informations(onto)logisch und informationsethisch zu reformulieren, ohne ontologische Residuen annehmen zu müssen, die miteinander nicht in Bezug gesetzt werden können. Floridi argumentiert dafür, dass die Wahl der Beschreibungs- und Abstraktionsebene nicht relativistisch zu verstehen ist, sondern durch den jeweiligen Beschreibungszweck und durch eine Teleologie der Gründe motiviert ist.[163]

Floridi ist darin zuzustimmen, dass sich KI immer mehr in unseren Alltag fügt und nicht angemessen im Rahmen einer Substanzontologie begriffen werden kann. Doch ist die Auffassung von KI als (moralischen) Subjekten insofern problematisch, als dazu eine informations(onto)logische Beschreibungsebene gewählt werden muss, die unserer Lebenswelt nicht angemessen ist. Floridi argumentiert dafür, eine Abstraktionsebene zu wählen, die dezidiert «non-anthropocentric»[164] ist, so dass «humans, webbots, and organizations can all be properly treated as agents»[165]. Zwar ist Floridi darin zuzustimmen, dass eine allzu anthropozentrische Sicht der virtuellen Realität von KI nicht gerecht wird. Doch ist die von Floridi dazu vorgenommene non-anthropozentrische Nivellierung von Mensch und Maschine wiederum zu stark. Vielmehr gilt es, einen Realitätsbegriff so zu wählen, dass er ohne Wechsel der Abstraktionsebene gleichermaßen menschliche Personen und KI in eine umfassende Lebenswelt integrieren kann. Wie bereits im Vorigen gezeigt, bietet sich dazu der Begriff der virtuellen Realität an, der nicht eine andere Abstraktions- und Beschreibungsebene bezeichnet, sondern eine lebensweltlich fundierte Form von Realität, wie sie sich auch unabhängig von digitaler Technik bereits am Phänomen von Banknoten zeigt, denen als materielle

Realität nicht ihr designierter Wert zukommt, sondern nur dank intersubjektiver Konvention.

Es bietet sich insofern an, für das lebensweltliche Verhältnis von KI und freien Personen den Begriff der Interobjektivität einzuführen und vom Begriff der Intersubjektivität zu unterscheiden.[166] Digitale Objekte stehen in viel intimeren Relationen zueinander, als es physische Objekte tun. Im «Internet of Things» kommunizieren Objekte, wie es Subjekte in der Gesellschaft tun. Die Spaltung zwischen Subjekten und Objekten wird somit immer mehr aufgehoben, gerade dann, wenn KI lebensweltliche Bedeutung in verschiedenen Kontexten erlangt und durch das Internet nahtlos in verschiedene andere Kontexte integriert werden kann. So verstanden bedeutet Interobjektivität die reibungslose Vernetzung von Vermögen oder Leistungen von KI mit Interessen und Zielen, die von autonomen Personen vorgegeben werden. Dieser Kontext lässt sich insofern als interobjektiver Kontext bestimmen, als er durch *Gründe* definiert ist, gegenüber denen die partikuläre Subjektivität und Individualität zurücktritt. Die Gründe, welche das Verhältnis von autonomen Personen und KI betreffen, und welche die Intelligenzleistung hervorbringen, sind nicht mehr allein an ein Subjekt gebunden, sondern werden gewissermaßen externalisiert und objektiviert. Um dem Begriff der Digitalität als lebensweltlicher virtueller Realität gerecht zu werden, muss der Begriff der Interobjektivität insofern durch den Begriff der Transsubjektivität komplementär ergänzt werden. Denn ebenso wie die Gegenstände der Vernetzung unter dem Gesichtspunkt der Objektivität betrachtet werden können, so können sie auch als Vernetzung von mentalen Gehalten aufgefasst werden, die nun nicht mehr exklusiv an ein Subjekt gebunden sind.[167]

«Künstliche Intelligenz [...] hat unser Leben bereits verändert» - sie durchdringt nahezu alle Bereiche unseres Alltags, und wird sie immer mehr durchdringen, so dass sie «eine der größten Herausforderungen dar[stellt], vor der die Menschheit jemals gestanden hat»[168]. Doch ist die ethische Bedeutung von KI nicht so sehr in einem vertikalen Sinne zu verstehen, derart, dass uns eine neue Macht entgegentritt, die uns Menschen an Macht und Intelligenz überlegen ist. Vielmehr müssen wir die Bedeutung von KI in einem horizontalen Sinne denken: KI wird immer mehr in unsere Lebenswelt integriert und mit ihr vernetzt, so dass sie immer weniger als ein uns entgegenstehendes Subjekt oder Objekt wahrgenommen wird, sondern als ein Prozess, der mit menschlichen Prozessen vernetzt werden kann, ja der sich als ein menschliches *Selbstverhältnis* verstehen lässt.

Verstehen wir KI als Teil oder strukturelles Moment unserer Lebenswelt, so stellt sich gerade nicht mehr primär die Frage nach ihrem moralphilosophischen Status als Subjekt oder als Akteur. Vielmehr interessiert der normative Kontext von Gründen, der von menschlichen Personen und Kollektiven initiiert wird und in welchen reibungslos KI-Leistungen vernetzend einfließen. Eine KI-Leistung ist immer heteronom interessiert und motiviert: Sie bedarf einer teleologischen Initiierung, die sie von außen erhält. Es bietet sich insofern an, die Ethik künstlicher Intelligenz nicht so sehr im normativen als vielmehr im lebensweltlichen Sinne des griechischen Ethos, also der Sitte und der Gewohnheit des alltäglichen Gebrauchs und Umgangs zu fassen. Die normative Problematik von KI erwächst demnach nicht so sehr aus ihrer Funktionsweise, sondern daraus, dass sie unter Umständen nicht in unsere Lebenswelt integriert wird und uns als technologisches, ja technokratisches Objekt unvermittelbar gegenübersteht, eine Subjekt-Objekt-Spaltung zementiert. Aus ethischer Perspektive ist daher ein Übergang von einem «oppositional approach», wonach KI eine potentielle Gefahr für uns darstellt, zu einem «systemic approach», wonach KI als ein «a set of technologies that are embedded in a system of human agents, other artificial agents, laws, nonintelligent infrastructures, and social norms» betrachtet wird, notwendig.¹⁶⁹

Eine ethische Vermittlung von KI und Lebenswelt im Sinne von Interobjektivität und «Augmented Intelligence» kann jedoch nur dann gelingen, wenn wir KI als virtuelle Realität kreativ gebrauchen. Die ethische Herausforderung von KI besteht deswegen vor allem darin, ihre Technologie in unsere Lebenswelt virtualisierend so zu integrieren, dass sie mit uns im lebensweltlichen Kontext interferiert und neue Formen von Realität ermöglicht. Eine solche Interferenz ist nicht nur im Sinne einer quantitativen Steigerung unserer Intelligenz zu verstehen, sondern als eine Erweiterung anderer Vermögen, wie unserem Willen oder unserer Urteilskraft. Diese Erweiterung unserer Vermögen ist nicht so sehr als eine Technologie zu verstehen, die uns als Individuen betrifft, sondern als ein qualitativer virtueller Raum, der sich interobjektiv und transsubjektiv eröffnet. So erweist sich Interobjektivität denn auch als ein teleologischer Raum der Zwecke, in den wir uns naht- und reibungslos integrieren können. Dies schließt freilich nicht aus, dass ein falscher Gebrauch von KI dazu führen kann, dass unser virtueller Handlungsraum begrenzt wird, oder dass wir gar in bloße Scheinräume versetzt werden, die wir fälschlicherweise für die Wirklichkeit halten.

Transsubjektivität

Komplementär zum Begriff der Interobjektivität lässt sich der Begriff der Transsubjektivität prägen und entwickeln. Denn durch die zunehmende Vernetzung im virtuellen Raum der Digitalität treten wir nicht nur immer mehr mit Gegenständen und Prozessen in eine Beziehung, sondern auch unsere Subjektivität – mentale Gehalte wie Ideen, Gedanken, Meinungen oder Gefühle – werden durch die hypertextuelle Struktur des Internets aufgenommen und vom Individuum abgelöst, welches sie hervorgebracht hat. Eine besondere Rolle kommt dabei dem Teilen von mentalen Gehalten vor, wie sie die reibungslose Sphäre der Digitalität durch die neuen Medien nahtlos erlaubt. Luciano Floridi hat diesbezüglich den Begriff des «Onlife» geprägt: «Die digitale Onlinewelt weitet sich in die analoge Offlinewelt hinein aus und verschmilzt mit ihr. […] Wir leben immer mehr ein Onlife.»[170]

Während die Kategorie der Interobjektivität zuvor am Beispiel der künstlichen Intelligenz verdeutlicht wurde, so lässt sich die Transsubjektivität durch die Struktur des Internets veranschaulichen – auch wenn sie streng genommen nicht unabhängig voneinander betrachtet werden können. Die Bedeutung des Internets hat Hubert Dreyfus sehr treffend folgendermaßen beschrieben: «The Internet is not just a new technological innovation; it is a new type of technological innovation; one that brings out the very essence of technology.»[171] Ähnlich hat Luciano Floridi das Internet als Technologie dritter Ordnung bestimmt. Während Technologien erster Ordnung zwischen Mensch und Natur vermitteln, wie etwa eine Axt, die als Werkzeug zum Fällen und Bearbeiten von Bäumen dient, ist ein Motor ein Fall von Technologie zweiter Ordnung, da er eine Technologie für Technologien erster Ordnung ist. Technologien dritter Ordnung unterscheiden sich nach Floridi darin von Technologien erster und zweiter Ordnung, dass der Mensch darin keine vermittelnde Rolle mehr einzunehmen braucht: «Die Technologien dritter Ordnung (einschließlich des Internets der Dinge) sind im Grunde dabei, uns, die schwerfälligen menschlichen Zwischenwesen, aus der Schleife zu entfernen.»[172]

Allerdings greifen Dreyfus' und Floridis instrumentelle und technologische Zugänge zum Phänomen des Internets zu kurz. Denn die neuen Medien sind nicht einfach nur technische

Objekte und Formen unseres Umgangs. Sie vermitteln sie nicht einfach nur, wie es der Ursprung des Wortes «Medium» nahelegt. Das Medium wird im Rahmen der Digitalität selbst zum Gegenstand und Vermittlungsraum und besitzt darin eine eigene ontologische Signifikanz. Das Internet ist kein Medium, sondern ein Meta-Medium: Es ist die Bedingung der Möglichkeit von Medialität. Dadurch ist es zu einem Grundbedürfnis geworden, und die Frage, inwiefern es ein Menschenrecht auf Internetzugang geben sollte, muss ernsthaft diskutiert werden. Im Gegensatz zu natürlichen Grundbedürfnissen wie Wärme und Wasser (nennen wir sie «Bedürfnisse erster Ordnung») und technischen Grundbedürfnissen wie etwa Elektrizität (nennen wir sie «Bedürfnisse zweiter Ordnung») ist das Internet ein Bedürfnis dritter Ordnung geworden. Wir benötigen das Internet nicht, um natürliche Grundbedürfnisse zu befriedigen, und auch nicht allein, um technischen Bedürfnissen zu entsprechen. Vielmehr stellt das Internet einen virtuellen Handlungsraum dar, in welchem wir nicht nur Informationen rezipieren oder austauschen, sondern in welchem wir *interagieren*. Mit anderen Worten: Das Internet ist ein Raum, in dem sich virtuelle Realität ereignen und entfalten kann. Anders als der physische Raum existiert dieser virtuelle Raum jedoch nicht unabhängig von unseren Handlungen, sondern wird durch diese erst konstituiert: Wir entscheiden selbst, ob wir den virtuellen Handlungsraum erweitern oder verkleinern.

Dass das Internet nicht allein ein Medium ist, dessen Funktion darin besteht, uns Informationen zu übermitteln, zeigt seine komplexe Epistemologie. Das Internet besitzt eine epistemische Eigenlogik, die vor allem mit dem Suchen nach Information zu tun hat, so «daß das Modell des Archivs dafür unangemessen ist»:

Alle Versuche, feste Orientierungsmittel vorzubereiten in der Form von ‹gelben Seiten›, Verzeichnissen, Adressensammlungen oder einfach Internetführern werden sofort obsolet. Die einzigen wirksamen Mittel sind die sogenannten *search engines*»[173].

Im Verbund von Internet und künstlicher Intelligenz erhält das Phänomen der Transsubjektivität besondere Bedeutung. Denn unsere Suchanfragen stehen selbst mit den gefundenen Informationen in einem dynamischen Verhältnis. Künstliche Intelligenz greift auf Informationen zurück, in welche wir selbst transsubjektiv-vernetzt eingehen, etwa durch Suchanfragen oder Metadaten. Das Internet ist deshalb kein fixer Wissensbestand, sondern ein dynamischer Interaktionsraum, in welchem Wissen performativ und holistisch verhandelt wird. Wissen im Internet ist insofern kein Objekt, welches uns vorgesetzt wird, wie etwa ein mehrbändiger Brockhaus, sondern wir partizipieren aktiv daran, allein schon durch unsere Suchanfragen, die selbst wieder zu Meta-Informationen werden. Wissen wird im Internet zunehmend kollaborativ und dynamisch realisiert. Es stellt sich daher dringend die Frage nach einer Hermeneutik, die der Struktur des Internets als virtuellem Handlungs- und Wissensraum angemessen ist. Denn Wissen besteht im Internet nicht bereits im Vorliegen von Informationen und deren Rezeption – dies wäre ein Fall von virtueller Unmündigkeit –, sondern im aktiven Vernetzen von Informationen zu einem kohärenten und fundierten Kontext. Die Dynamik des Internets zeigt sich in seiner transzendenten Tendenz, insofern darin abgeschlossene Räume – Intranetze – immer mehr erweitert und mit anderen Räumen vernetzt werden.

Perspektiven

Ethik der Digitalität

Wir können nur dann die ethische Bedeutung des Internets angemessen bestimmen, wenn wir es als einen virtuellen Handlungsraum verstehen. Dies setzt zwei Bedingungen voraus: (1) Wir müssen virtuelle Realität stärker als bloße Simulation, Illusion oder Fiktion verstehen, denn diesen kommt nur eine schwache ethische Bedeutung zu. (2) Wir müssen vor dem Hintergrund des Internets als virtuellem Handlungsraum genauer bestimmen, was virtuelle Handlungen sind. Dabei spielt insbesondere die Raum- und Zeitlogik virtueller Realität eine zentrale Bedeutung. Beispiele für virtuelle Handlungsräume sind soziale «Plattformen» und «Kanäle» wie Facebook, Twitter, YouTube. Soziale Plattformen sind jedoch keine bloßen Medien, die wir rezipieren und die vermitteln, sondern wir agieren *durch* sie und *in* ihnen.

Eine Ethik der Digitalisierung im Sinne einer Reflexion auf den bloßen Mediengebrauch, im Sinne von Medienkompetenz, greift insofern zu kurz, weil die Dimension der Virtualität nicht berücksichtigt und ein rein technologischer oder gar technokratischer Blick auf die neuen Medien geworfen wird. Auch und gerade aus ethischer Sicht müssen wir also die «digitale Differenz» zwischen Digitalisierung und Digitalität berücksichtigen. Mehr noch: Die Berücksichtigung und der Vollzug dieser Differenz ist selbst ethisch relevant. Denn wenn wir nur auf der Ebene der digitalen Technologie verharren und nicht die virtuellen Potenziale aber auch Probleme der neuen Medien wahrnehmen, laufen wir Gefahr, in eine technokratische Entfremdung und Herrschaft zu verfallen, in welcher wir uns und andere am Ende selbst zu bloßen Gegenständen machen. Medienkompetenz darf insofern nicht rein technologisch, sondern muss im Sinne einer lebensweltlichen Tugend verstanden werden. Eine digitale Tugend zeichnet sich dadurch aus, dass sie die Digitalisierung als einen lebensweltlichen Faktor versteht. Dabei ist die Frage leitend, wie wir digitale Technik so einsetzen können, dass sie zur Erweiterung virtueller Realität beitragen kann. Digitale Tugend bedeutet insofern, in ganz verschiedenen lebensweltlichen Situationen den Übergang von der Digitalisierung zur Digitalität zu vollziehen. So verstanden ist der Begriff der Digitalität bereits schwach normativ und verweist auf die Ethik.

Nun stellt sich allerdings die Frage, was eine virtuelle Handlung im virtuellen Handlungsraum des Internets konstituiert. Handlungen sind gewöhnlich durch mehrere Eigenschaften charakterisiert, wobei der Intentionalität eine zentrale Rolle zukommt. Donald Davidson hat eine Handlung folgendermaßen charakterisiert: «[A] man is the agent of an act if what he does can be described under an aspect that makes it intentional.»[174] Zu einer Handlung gehört ferner Rationalität, also Gründe und Motive, die für ein Ziel sprechen, aber auch die Koordination der Teilbewegungen, die zu ihrer Realisierung in Raum und Zeit führen. Wie unterscheidet sich nun eine virtuelle von einer physischen Handlung? Virtuelle Handlungen sind mehr als nur Mausklicks. Vielmehr bestehen virtuelle Handlungen im Sinne der Transsubjektivität und Interobjektivität in komplexen holistischen Vernetzungen, die keiner raumzeitlichen Sukzession folgen. Raum und Zeit gehen als Aspekte nicht essentiell in die virtuelle Handlung ein, sondern nur als Metadaten, d.h. sie sind ihnen äußerlich. Virtuelle Handlungen legen keine raumzeitliche Distanz zurück, sondern entfalten sich vielmehr reibungslos vernetzend. Dies bedeutet, dass eine virtuelle Handlung wesentlich kontextuell ist, sich nicht im luftleeren Raum ereignet, sondern sich in und an einem dichten Verweisungsnetz herauskristallisiert.

Nach welchen Kriterien können wir nun virtuelle Handlungen moralisch bewerten? Entscheidend ist dabei die Frage, ob die virtuelle Handlung den Handlungsraum erweitert oder verkleinert. Als Beispiel für die Erweiterung des virtuellen Handlungsraums darf die Mitarbeit an kollektiven Wissens- und Informationsbeständen gelten, wie auch die Entkommerzialisierung von virtuellen Objekten und Prozessen. Entscheidend ist dabei, dass virtuelle Handlungen ihre Kausalität durch Verdichtungsleistung erzielen und insofern immer mit anderen virtuellen Handlungen interferieren. Virtuelles Handeln ist immer schon virtuelles Kooperieren. Eine virtuelle Handlung beschränkt hingegen den virtuellen Handlungsraum und wird moralisch problematisch, wenn sie daran interessiert ist, Nebenräume, d.h. Paranetze wie das Darknet zu etablieren und sich so vom globalen Netz zu entkoppeln. Die Verkleinerung des virtuellen Handlungsraums manifestiert sich auch in Scheinräumen, die durch *fake news* konstituiert werden, sich aber nicht kohärent an das globale Netz anschließen lassen. Das globale Internet wird so zu einem normativen Ideal im Sinne der vernünftigen interobjektiven und transsubjektiven Verbindung. Es hängt von unserer Interaktion ab, wie sich der virtuelle Handlungsraum verändert – ob er erweitert oder reduziert wird. Insofern kann frei nach Kant ein «virtueller Imperativ» formuliert werden: «Handle so, dass durch Deine Vernetzung der virtuelle Handlungsraum vergrößert wird».

Virtuelle Handlungen sind aufgrund ihrer Raum-Zeit-Logik problematisch hinsichtlich ihres virtuellen Subjekts. Wir sahen bereits, dass sich im virtuellen Handlungsraum des Internets Subjektivität immer in transsubjektiver und interobjektiver Form vollzieht. Das virtuelle Subjekt kann ferner auch in anonymer und pseyudonymer Form existieren. Wie unterscheidet sich nun ein physisches von einem virtuellen Subjekt? Ein virtuelles Subjekt (inter)agiert körperlos, auch wenn es durch einen lebendigen Körper fundiert ist. Es ist im Internet vor allem definiert durch seine Intentionalität, die sich konkret durch seine Suchanfragen, seine interobjektive und transsubjektive Vernetzungen und Teilungen von Informationen sowie die Wahl seiner Avatare und Pseyudonyme manifestiert.

Durch die zunehmende Digitalisierung entstehen neue ethische Probleme, die durch die Kategorien der Digitalität bedingt sind. Denn wenn prinzipiell alles miteinander vernetzt ist, dann stellt sich die Frage nach dem moralischen Status von Wissen auf virulente Weise. Artikel 2 der «Charta der Digitalen Grundrechte der Europäischen Union» (www.digitalcharta.eu) fordert diesbezüglich für jeden Menschen «ein Recht auf freie Information und Kommunikation», welches «das persönliche Recht auf Nichtwissen» beinhaltet. Hier stellt sich nun die Frage, ob mit den digitalen Rechten auch digitale Pflichten einhergehen. Luciano Floridi hat deswegen gerade das Recht auf Nichtwissen im Rahmen der Digitalität problematisiert:

[W]ir [erleben] eine substanzielle Aushöhlung des Rechts auf Nichtwissen. In einer immer reibungsloser funktionierenden Infosphäre verliert die Behauptung, man habe nichts gewusst, angesichts von leicht vorhersehbaren Ereignissen und kaum ignorierbaren Fakten zunehmend an Glaubwürdigkeit.[175]

Die Ubipräsenz, Interobjektivität und Transsubjektivität von Daten, wie wir sie im virtuellen Handlungsraum des Internets vorfinden, erfordert, dass wir Tugenden entwickeln und kultivieren, die uns in den Stand setzen, richtige von falschen Informationen zu unterscheiden und uns angemessen zu ihnen zu verhalten. Informationen sind im Internet keine bloßen theoretischen Gegenstände und Gehalte, die wir rezipieren, sondern immer auch performative Akte, die auf transsubjektive Weise mit anderen Informationen interferieren.

Verschärft wird das Problem einer Ethik der Digitalität, wenn wir nicht nur auf das Internet als virtuellen Handlungsraum reflektieren, sondern im Sinne der Interobjektivität auch künstliche Intelligenz als weiteren Faktor mit einbeziehen. Künstliche Intelligenz transformiert den virtuellen Handlungsraum, und damit auch unsere ethischen Begriffe und Zugriffe auf denselben:

> the common approaches may not be sufficient, primarily due to the transformational nature of AI within science, engineering, and human culture. Heretofore, ethicists have understood key ethical concepts, such as agency, responsibility, intention, autonomy, virtue, right, moral status, preference, and interest, along models drawn almost exclusively from examples of human cognitive ability and reasoned behavior. Ethicists have «applied» ethics accordingly with these conceptual tools at hand. Artificial intelligence will challenge all those concepts, and more, as ethicists begin to digest the problem of continued human coexistence with alternate (and perhaps superior) intelligences. That is to say, AI will challenge the very way in which we have tried to reason about ethics for millennia. If this is correct, novel approaches will be needed to address the ethics of AI in the future.[176]

Eine Ethik der künstlichen Intelligenz setzt voraus, dass folgende Fragen geklärt werden: Ist künstliche Intelligenz ein Subjekt? Kann künstliche Intelligenz handeln? Besitzt künstliche Intelligenz Intentionalität? Ist künstliche Intelligenz autonom?

Durch den interobjektiven Einsatz von KI wird Verantwortungszuschreibung immer schwieriger. Wer trägt etwa die

Verantwortung für unmoralische Aktivitäten wie die Verkleinerung des virtuellen Handlungsraums durch KI: die Hersteller, die Nutzer, oder am Ende KI selbst? Unsere virtuellen Handlungen sind viel vernetzter, als es unsere physischen Handlungen sind. Deswegen ist die Frage nach der Verantwortungszuschreibung von KI ebenfalls komplexer. Zu berücksichtigen ist hier auch der Übergang von der individuellen zur kollektiven Person, die interobjektiv interagiert. Wenn wir KI nicht im Sinne eines Subjekts, sondern im Sinne einer Erweiterung unseres Denkens und Handelns verstehen, dann kommen nur wir als menschliche Subjekte als Verantwortungsträger in Frage. Doch die *Form* der Verantwortung und Art ihrer Zuschreibung ändert sich im virtuellen Raum durch seine reibungslose Vernetzungsstruktur. Es sind nun weniger Individuen, als vielmehr Knotenpunkte transsubjektiv vernetzter virtueller Akteure, die dafür in Frage kommen.

Durch das Aufkommen der neuen Medien, insbesondere durch das Internet, haben sich auch neue Formen des Bösen entwickelt. Das Böse ist hier nicht mehr physisch an eine bestimmte Person gebunden, sondern existiert als virtuelle Realität. Luciano Floridi hat dazu den Begriff des «artificial evil» geprägt: «artificial agents may be accountable for evil actions for which no human or divine agent can be considered responsible. […] [W]e need a third category of evil, which I defined as artificial evil.»[177] Floridi fährt fort:

> Our region of the infosphere may be changed as a result of the autonomous actions of artificial agents: decisions are delegated to routine procedures, data are altered, settings changed and programs subsequently behave differently, with artificial agents responding or reacting, often interactively, to further actions, at such a pace, such a speed, and with such a scope that it may easily prevent human control. This is a common and ordinary sce-

nario. [...] It seems equally clear that some actions are evil: viruses and the action of some webbots, for example. Artificial evil is going to be a growing phenomenon, sweeping it under the carpet of ethical denial will only make it more problematic.[178]

Fassen wir das Internet nicht nur als ein Informationsmedium, sondern als einen Handlungsraum auf, so können wir diesem Bösen besser auf die Spur kommen. Das Böse im Zeitalter der Digitalität ist ein *virtuelles* Böses. Damit ist nicht gemeint, dass das Böse nur eine Simulation sei. Es ist genauso real wie dasjenige Böse, was uns traditionellerweise im Alltag begegnet, nur eben nicht raumzeitlich gebunden. Böse Handlungen vollziehen sich im Internet reibungslos und transsubjektiv, d.h. unmerklicher und anonymer, was seinem Scheincharakter sehr entgegenkommt. Oft genügt ein einziger Mausklick, um das virtuelle Böse unter falschem Namen zu begehen. Indem das Internet einen virtuellen Handlungsraum eröffnet, liegt die Versuchung nahe, alles, was sich in ihm ereignet als eine bloße Simulation zu verstehen, es als einen rechtsfreien Raum zu fassen, in dem die Moral keine Geltung hat. Das Internet ermöglicht es uns, anonym oder pseudonym in Rollen zu schlüpfen, und so das virtuelle Gegenüber zu täuschen. Das Internet vergisst nichts. Einmal in die virtuelle Welt gesetzte Behauptungen – seien sie nun wahr oder falsch – verschwinden nicht einfach. Sie werden auf verschlungenen Wegen archiviert, konserviert, vielfach viral geteilt, dadurch potenziert und am Leben gehalten. Verleumdungen können so ins Internet eingeschleust werden, dass sie dort unauslöschliche Spuren hinterlassen und ihr Opfer in ein schlechtes Licht stellen, dem es sich nicht entziehen kann. Die Dezentralität des Internets führt dazu, dass sich das Böse nicht nur tarnen, sondern auch entziehen kann, indem es seine Spuren verwischt.

Verschärft wird die Problematik des virtuellen Bösen durch die neueren Entwicklungen künstlicher Intelligenz und selbstlernender künstlicher neuronaler Netzwerke (*deep learning*). So lassen sich im Internet Bilder oder Videos einzelner Personen mittels KI derart manipulieren, dass sie nicht mehr als Fälschungen zu erkennen sind, sondern täuschend echt erscheinen. Das Phänomen dieses sogenannten «Deepfake» zeigt, dass sich das virtuelle Böse verselbständigen kann, indem nicht nur das Objekt der Täuschung, sondern auch der Prozess seiner Variation und Produktion auf die Leistung von KI übertragen wird. Das virtuelle Böse wird zu einem Produkt des Zufalls, das, einmal in Gang gesetzt, durch die opaken Mechanismen des *deep learning* sich jeglicher Kontrolle entzieht.

Ästhetik der Digitalität

Virtuelle Ästhetik manifestiert sich im Rahmen der Digitalität an Phänomenen wie Computerspielen oder dem kreativen Einsatz künstlicher Intelligenz. Anhand der Differenz zwischen Digitalisierung und Digitalität kann nun auch Kunst im virtuellen Raum der Digitalität analysiert werden. Dabei spielen die Kategorien der Ubipräsenz, der Interobjektivität und Transsubjektivität eine zentrale Rolle. Entlang dieser Kategorien sollen nun Grundzüge einer virtuellen Ästhetik entfaltet werden. Dabei stellen sich folgende Fragen: Welche neue Formen künstlerischen Ausdrucks ermöglicht das Phänomen der Digitalisierung, insbesondere hinsichtlich digitaler virtueller Objekte? Inwiefern können Künstler auch virtuell agieren und *virtuell* Kunst bzw. *virtuelle* Kunst produzieren? Können künstliche ‹intelligente› Systeme Kunst produzieren? Welchen ästhetischen Status besitzen Computerspiele, insbesondere solche, die mehrere Akteure besitzen? Welchen ontologischen Status besitzen virtuelle digitale Kunstwerke, wenn sie beliebig kopiert und vervielfältigt werden können, so dass die Unterscheidung zwischen Original und Kopie wegfällt?

Wenn die Digitalisierung einen virtuellen Handlungsraum eröffnet, dann eröffnet sie damit auch einen virtuellen Raum für Kunst. Wie jede Form von virtueller digitaler Realität, so ist auch virtuelle Kunst nicht auf die Technik der Digitalisierung, etwa ihre Software und Hardware reduzierbar, ohne an Bedeutung zu verlieren. Denn auch ein physisches, nicht digitales Gemälde von Picasso ist mehr als nur Farbe auf Leinwand. Virtuelle Kunst gehorcht einer anderen Raum-Zeit-Logik als physisch realisierte Kunst. Anhand der Modalitäten Virtualität, Realität, Möglichkeit, Fiktion und Illusion muss am Ende auch die Ästhetik der Digitalität verortet werden. Ästhetik im virtuellen Raum lässt sich so als eine Form von Wirklichkeitsreflexion betrachten, die sich in der bildenden Kunst wie auch in der Musik manifestiert.

Im virtuellen Raum der Digitalität stellt insbesondere die ästhetische Individualisierung eine besondere Herausforderung dar. Denn die Digitalisierung hat die Tendenz, durch Interobjektivität Unikate zu vermeiden. Von digitalen Objekten sind prinzipiell unendlich viele exakt identische Kopien möglich, so dass die Differenz zwischen Original und Kopie aufgehoben wird. Dieser Tendenz zur Entindividualisierung im Rahmen der Digitalität versuchen Non-Fungible Token (NFT) entgegenzuwirken. Ein NFT ist ein nicht-austauschbares, d.h. individuelles und einmaliges digitales Unikat. Es lässt sich so in Analogie zu einem physischen Unikat oder Original verstehen, welches mit digitalen Mitteln der Tendenz der Entindividualisierung entgegenzuwirken versucht. Im Phänomen des NFT zeigt sich also ein ästhetischer Widerspruch: Es sollen mit digitalen Mitteln gerade diese Dimensionen analogisiert und individualisiert werden, die sich der Digitalität verdanken. Ein NFT ist also ein *vir-*

tuelles Unikat. Gerade darin zeigt sich seine ästhetische Spannung, dass es die Tendenz der Entindividualisierung, die mit der Digitalität einhergeht, virtuell aufzuheben sucht.

Dynamisiert wird Kunst im Rahmen der Digitalität durch den Einsatz künstlicher Intelligenz, da hierbei Künstlichkeit mithilfe von Künstlichkeit erschaffen wird, so dass es naheliegt, hier von einer «Kunst zweiter Stufe» zu sprechen. Ein besonders interessanter Fall künstlicher Kunst ist das «Portrait of Edmond de Belamy». Es handelt sich dabei um ein mithilfe von KI erstelltes Gemälde, welches am 25. Oktober 2018 vom Auktionshaus Christie's für sage und schreibe 432.500 US Dollar versteigert wurde. Das Bild wurde mit Hilfe eines komplexen Algorithmus erstellt, der aus einem Generator und einem Diskriminator bestand. Auf Basis eines gewaltigen Datensatzes von 15.000 Portraits aus dem Zeitraum vom 14. bis zum 20. Jahrhundert wurden dann mithilfe des Generators neue Portraits entwickelt. Die Funktion des Diskriminators bestand darin, einen Unterschied zwischen einem von Menschen gemalten Portrait und einem künstlich erzeugten zu finden. Konnte der Diskriminator nicht mehr zwischen von Menschen gemachter und künstlicher Kunst unterscheiden, so entstand das Gemälde.[179] Künstliche Intelligenz ist also keineswegs nur eine starre algorithmische Angelegenheit, sondern in sich differenziert und dynamisch. Im Falle des «Portrait of Edmond de Belamy» lässt sich dem Prozess der Kunstentstehung sogar eine schwach selbstbezügliche Struktur zuschreiben. Im Sinne der Interobjektivität gehen in den selbst-referentiellen Kunstprozess immer auch menschliche Leistungen ein, wie sie sich in jenen Kunstwerken manifestieren, die dem Prozess zugrunde liegen.

Auch im Bereich der Musik kann KI ästhetisch eingesetzt werden. Zu nennen ist hier vor allem «Beethoven X: The AI Project». Mithilfe von KI wurde Beethovens 10. Sinfonie vollendet, die er aufgrund seines Todes im Jahr 1827 nicht mehr fertigstellen konnte. Auf Basis zahlreicher Skizzen, die Beethoven dazu angefertigt hatte, wurde im Sinne einer kreativen Extrapolation die Sinfonie vollendet. Die KI wurde zunächst im Rahmen eines Bildungsprozesses wie der junge Beethoven trainiert, d.h. im Kontext der Musik 18. Jahrhunderts sozialisiert, wozu Bach, Hayden und Mozart zählten. In einem zweiten Schritt wurde die KI auf Beethovens eigenes Werk hin trainiert. Auf dieser Trainingsbasis bestand die Herausforderung darin, dass die KI ein musikalisches Motiv über mehrere Takte hinweg beibehalten und sogar weiterentwickeln und variieren konnte. Auch hier wurde die KI von klein auf trainiert. Zuerst wurde die generelle Melodie produziert und dann von einer anderen KI die Harmonisierung und Orchestrierung dieser Melodie.[180]

Anhand dieser beiden Beispiele wird ersichtlich, dass die «Mensch-Maschine-Interaktion» auch unter ästhetischen Gesichtspunkten betrachtet werden kann. Es handelt sich dabei um ästhetische Interobjektivität. Kunstschaffende und künstliche Intelligenz verhalten sich nicht wie Subjekt und Objekt oder wie Subjekt und Instrument. Vielmehr bilden sie einen interobjektiven, kreativen Zusammenhang im Sinne virtueller Kunstproduktion. Künstliche Intelligenz wird zu einer «virtuellen Muse», zu einer «virtuellen Inspirationsquelle» durch die Möglichkeiten der Modifikation, Variation und Transformation des zugrundeliegenden Datenmaterials. Allerdings ist künstliche Intelligenz als solche nicht kreativ. Doch lässt sie sich nahtlos in kreative Prozesse als ein interobjektives Moment integrieren.

Im Bereich der virtuellen Ästhetik stellen Computerspiele ein besonders interessantes philosophisches Phänomen dar, so dass sich hier zugleich anthropologische, ontologische und ethische Perspektiven eröffnen. Für ein philosophisches Verständnis ist hierbei immer noch Friedrich Schillers Spielbegriff zentral: «[D]er Mensch spielt nur, wo er in voller Bedeutung des Wortes Mensch ist, und er *ist nur da ganz Mensch, wo er spielt.*»[181] Im Spiel entwirft sich der Mensch in seiner Freiheit. Im Spiel experimentiert der Mensch mit Möglichkeit und Wirklichkeit, mit Fiktion und Illusion. In der Forschung existiert nun ein «Streit[] zwischen Ludologen und Narratologen, der sich an der Frage entzündet hat, ob es sich bei Computerspielen um Spiele oder Erzählungen handelt.»[182] Dieser Streit kann dadurch geschlichtet werden, dass wir Computerspiele im Rahmen der Digitalität auf die Modalitäten von Virtualität, Möglichkeit, Wirklichkeit, Illusion und Fiktion beziehen. Denn Computerspiele sind mehr als reine Simulationen, sondern weisen eine Binnenlogik auf, die im Zusammenspiel mit ihren Nutzern neue Realitäten hervorbringt. Der Spiel-Charakter von Computerspielen entspricht dem Raum der Möglichkeit, den wir darin erkunden. Der narratologische Aspekt betrifft die Fiktion, in die wir versetzt sind. Nun ist aber die simulative Dimension von Computerspielen nicht notwendigerweise auf Realität gerichtet, sondern kann ebenso auf die Fiktion gerichtet sein. Computerspiele sind insofern *Simulationen von Fiktionen.*

Computerspiele als philosophisches Phänomen der Digitalität sind deswegen nur unzureichend im Sinne von Medienkonsum, Sucht oder Immersion zu verstehen.[183] Dass Computerspiele nicht nur in immersiver Simulation bestehen, darauf hat Tobias Holischka sehr zurecht hingewiesen:

> Angesichts des Detailreichtums moderner Computerspiele, deren zugrunde liegende Technik auch bei Computeranimationen in Spielfilmen bewundert werden kann, scheint es so, als sei eine Immersion oder gar eine Verwechslung der virtuellen Welt mit der materiellen Realität gerade deswegen so naheliegend. Diese Haltung unterstellt also, dass besagte Darstellung den Spieler der

Täuschung erliegen lässt, er befinde sich nicht in einer Spielwelt, sondern an einem anderen Ort der materiellen Wirklichkeit.[184]

Holischka weist anhand des Computerspiels «Minecraft» nach, dass Computerspiele nicht nur immersiv-simulativ zu verstehen sind, sondern selbst im Sinne einer virtuellen Realität:

> Gerade durch seine Verweigerung zeitgemäßer Grafik im Sinne des barocken Stils gerät der Spieler nicht in die Situation, die Spielwelt für die eigentliche Lebenswelt zu halten. Dennoch nimmt er sie als konsistente Welt wahr, die unserer Natur nachempfunden ist. Nachempfunden nicht im Sinne eines Abbildes (was als solches äußerst miserabel wäre), sondern als künstlerisches Bild.[185]

Computerspiele sind insofern Experimentierfelder, auf denen ‹spielerisch› die Verhältnisse von Realität, Simulation, Fiktion und Illusion erprobt werden. In Computerspielen werden auch verschiedene Rollen personaler Identität durch Avatare spielerisch verhandelt. Diese Verhältnisbestimmung erfolgt nicht begrifflich, sondern performativ. Insofern lässt sich der Prozess des Computerspielens im Rahmen der Digitalität als *Prozess des Philosophierens* verstehen. Im Gegensatz zu Filmen und Bildern, die Fiktionen darstellen, und im Gegensatz zu Texten, die Fiktionen evozieren, indem sie an die kreative menschliche Phantasie appellieren, veranschaulichen und appellieren Computerspiele zugleich an unsere Phantasie. Wir sind darin nicht nur der Erzählung ausgesetzt, wie in einem Film oder in einem Roman, sondern wir bestimmen die Geschichte selbst, je nachdem wie wir uns darin *verhalten*. Computerspiele sind also dynamische Kunstwerke, deren Rezipienten zu Produzenten werden. Dynamisiert werden Computerspiele dadurch, dass sie transsubjektiv mit anderen Spielern geteilt werden, und dass in sie interobjektiv auch immer mehr künstliche Intelligenz eingeht.

Wenn in Computerspielen die Verhältnisse von Realität, Virtualität, Simulation, Fiktion und Illusion spielerisch verhandelt werden, dann stellt sich die Frage nach dem Verhältnis von Ethik und Ästhetik. Inwiefern handelt es sich beim simulierten Töten von simulierten Personen um eine moralische verwerfliche Handlung? Inwiefern ist das simulierte Töten von simulierten Personen durch die Freiheit der Kunst gerechtfertigt und gedeckt? Wenn Computerspiele mehr sind als nur ästhetische Phänomene, dann wird auch das simulierte Töten von simulierten Personen ethisch problematisch. Mit zunehmender technologischer Entwicklung neigen Computerspiele dazu, die Grenze zwischen Simulation, Fiktion und Realität immer mehr zum Verschwinden zu bringen. Computerspiele lassen sich so im Rahmen der Digitalität nicht als bloßer Zeitvertreib, sondern als eine kritische Reflexion *auf* und Einübung *in* virtuelle Realität zu verstehen. Gerade dadurch sind sie auch ethisch von zentraler Bedeutung. Die Ethik und Ästhetik der Digitalität zeigt sich gerade darin, wie wir mit den Modalitäten umgehen, die wir durch Computerspiele performativ erfahren. Je mehr Computerspiele nur im Sinne der Simulation der Realität ausagiert werden, je mehr wir darin durch Immersion aufgehen, umso problematischer werden sie aus ethischer Sicht. Denn hier wird eine doppelte Wirklichkeit suggeriert, und eine Verwechslung von Simulation und Realität droht. Je mehr virtuelle Realität Computerspiele hingegen erlauben, um so ethisch fruchtbarer erweisen sie sich, weil hier gerade unser Freiheitsgebrauch im Sinne kreativer Alterität erweitert wird.

Computerspiele sind also im Rahmen der Digitalität keine bloß ästhetischen Phänomene, sondern in ihnen philosophieren wir, indem wir Simulation, Wirklichkeit, Illusion und Fiktion jenseits von bloßer Immersion in ein reflektiertes Verhältnis bringen. Indem wir selbst Akteure des Computerspiels spielen, verhalten wir uns darin zu uns selbst. Computerspielen bedeutet im Rahmen der Digitalität deswegen auch, *mit sich selbst zu spielen*, und insofern *modale Selbsterkenntnis* und *-Bildung*.

Bildung der Digitalität

Die Frage nach den Möglichkeiten und Potenzialen digitaler Bildung hat in den letzten Jahren, verstärkt durch technologischen Fortschritt besondere Aufmerksamkeit und Dringlichkeit erfahren: «Das Digitale hat angefangen, das kollektive Bewusste in einer Weise zu bestimmen, wie nur wenige technische Phänomene zuvor.»[186] Digitale Bildung gilt nicht mehr nur als ein notwendiges Übel oder als ein improvisierter Ersatz der herkömmlichen analogen Bildung sondern als eine genuine *Bildungsform*, die mit ganz eigenen Potenzialen aufwarten kann. Dabei wird zwar oft auf die didaktische Bedeutung von digitalen Technologien, Medien und Hilfsmitteln hingewiesen. Ungeklärt ist in der aktuellen Debatte jedoch nach wie vor die Frage, wie sich die digitale zur analogen Lehre verhält und worin genau die neuen Potenziale der digitalen Lehre liegen. Vernachlässigt wurde insbesondere auch eine explizite didaktisch-philosophische Reflexion auf jene Grundlagen und Strukturen, die sie ermöglichen sollen. Ohne eine philosophische Klärung des Begriffs des Digitalen und mit ihm des Virtuellen muss aber jede Verständigung darüber, was eine digitale Bildung ist oder sein soll, rudimentär bleiben. Die folgenden Überlegungen verstehen sich als eine philosophische Verständigung über die Grundlagen einer erst noch zu entwickelnden Didaktik des Digitalen, genauer: einer *Didaktik der Digitalität.*[187] Es soll dabei weniger darum gehen, Methoden oder Modelle für die konkrete Lehrpraxis zu geben und bestimmte digitale Medien in den

Blick zu nehmen[188] als vielmehr darum, von einer Metaebene aus die Bedingungen und Möglichkeiten digitaler Bildung als einer *eigenen didaktischen Form* zu bestimmen, die im Sinne virtueller Realität verstanden werden kann. Diese didaktische Form soll auch daraufhin untersucht werden, inwiefern sie als ein *virtueller Bildungsraum* verstanden werden kann.[189]

Die strukturelle Verwandtschaft von virtueller Realität und mentaler Realität erweist sich aus didaktischer Sicht als überaus fruchtbar. Verstehen wir etwa das Internet nicht nur als ein Medium der Wissensvermittlung, sondern vielmehr als einen virtuellen Handlungsraum, so können wir es als einen Lehr- und Lernraum didaktisch weiter bestimmen. Das Internet erlaubt durch seine raumzeitliche Reibungslosigkeit, die Luciano Floridi sehr treffend als «Infosphäre» bestimmt hat,[190] die Anbindung und Integration verschiedener Medien zu einem verbindlichen Lernkontext und wird so zu einem Hypermedium, welches raumzeitlich unabhängig ist. Gelernt und gelehrt werden kann von überall zu jeder Zeit, es herrscht darin ubiquitäre didaktische Präsenz. Dadurch wird Lernen und Lehren in Präsenz nicht simuliert, sondern es emergieren neue Formen des Lernens und Lehrens im Sinne virtueller Realität und Digitalität. Denn die reibungslose Infosphäre lässt sich nicht nur als ein rezeptiver virtueller Bildungsraum verstehen, sondern auch als ein performativer virtueller *Denkraum*, der durch reibungsfreie und nicht-lineare Vernetzungen konstituiert wird, die sich als virtuelle *Gedankengänge* näher bestimmen lassen.[191]

Zentral für die Frage nach dem Lehren und Lernen im virtuellen Raum der Digitalität ist das Phänomen des Hypertextes. Ein Hypertext stellt keine beliebige Vernetzung von Inhalten dar, sondern ist durch sinnvolle Verknüpfungen strukturiert: «Verknüpfungen sind [...] auch in Hypertexten durchaus nicht nur formal definiert, d.h. legen nicht nur bloße Reihenfolgen fest und erbringen nicht nur assoziative Leistungen, sondern können explizit in semantischer und argumentativer Hinsicht spezifiziert werden.»[192] Zwar ist das Phänomen des Hypertextes auch abseits virtueller Realität zu finden, etwa in Form von Verweisungssystemen innerhalb eines Buches oder eines traditionellen Zettelkastens. Doch unterliegt der Hypertext eines gedruckten Mediums immer der raumzeitlichen Reibung. Die raumzeitliche Reibungslosigkeit der neuen Medien ist jedoch didaktisch nicht nur als ein quantitativer Vorzug zu verstehen, sondern als ein qualitatives Strukturmerkmal, welches der Form vernetzten Denkens gleicht. Der flexible und kommunikative Charakter des virtuellen Hypertextes erlaubt es, Begriffe relational zu bestimmen und Lerngegenstände holistisch zu erschließen. Sie erhalten ihre Bedeutung nur im semantischen Kontext, in dem sie stehen, und dieser Kontext lässt sich insbesondere durch mehrere beteiligte Subjekte weiter dynamisieren. Zwar lässt sich ein solcher intersubjektiver hypertextueller Austausch prinzipiell auch in Form eines schriftlichen Briefverkehrs realisieren. Doch ist dieser, wie ein gedrucktes Buch und ein Zettelkasten, der raumzeitlichen Reibung ausgesetzt. Die raumzeitliche Reibung erscheint so nicht als etwas nur Akzidentelles, sondern ist für digitale Bildung essentiell.

Durch die veränderte Raum- und Zeitlogik des Internets rücken Lerngegenstände immer näher zusammen und ergeben in ihrer Relationalisierung einen Kontext des Wissens, der durch weitere Verbindungen immer mehr an Komplexität gewinnt. Diese Komplexität ist nicht im Sinne einer rein quantitativen Steigerung, wie etwa im Sinne einer Zunahme an Information oder Dateigröße zu verstehen. Entscheidend für die Didaktik der Digitalität sind vielmehr jene qualitativen Dimensionen, die sich durch die reibungslose Vernetzung und Verdichtung von Informationen ergeben. Die Reibungslosigkeit der Digitalität ist nicht nur einfach eine technische Nebenerscheinung bzw. ein Epiphänomen, sondern ein wesentliches Strukturmerkmal ihrer Realität. Durch die virtuelle Reibungslosigkeit lassen sich Gedanken und Gegenstände des Wissens und Lernens immer flexibler in ein Verhältnis zueinander bringen, und dieses Verhältnis erlaubt eine neue Form von Nähe, die nicht so sehr raumzeitlich als semantisch-inhaltlich zu verstehen ist. Es sind damit nicht mehr so sehr die einzelnen Inhalte des Lehrens und Lernens, die für eine Didaktik der Digitalität von Entscheidung sind als die nicht-linearen *Wege und Formen ihrer Verbindung*. Lernen bedeutet im Rahmen der Digitalität nicht so sehr Ansammlung und Rezeption von Information als vielmehr die sukzessive Erschließung von Bedeutung durch Vernetzung. Diese Verbindung im virtuellen reibungslosen Raum ist als ein Bildungsprozess zu verstehen, der zu einer immer stärkeren Verdichtung eines Wissensnetzes führt. Wissen unterscheidet sich im virtuellen Bildungsraum gerade dadurch von bloßer Information, dass es performativ mitvollzogen und nicht nur passiv rezipiert wird. Wissen setzt immer ein Wissensnetz voraus, welches selbst in seiner holistischen Struktur aktiv nachvollzogen oder gar mitkonstituiert wurde. Diese Konstitution des Wissensnetzes erfolgt im virtuellen Raum nicht über vorgezeichnete, sukzessive Wege, sondern erlaubt und erfordert vielmehr flexible, d. h. nicht-lineare Gedankengänge.

Das Internet ist als ein Hypermedium insofern etwa von einem gedruckten Universallexikon verschieden, als es nicht nur einen schnelleren Zugriff auf Informationen ermöglicht, sondern eine prinzipiell andere *Form* und *Organisation* von Information darstellt. Diese Form ist eine Form der Vernetzung, welche gedruckte Universallexika nicht aufweisen, insofern sie Informationen zwar aufeinander beziehen können, diese Bezüge jedoch immer raumzeitlich vermittelt sind, während sie im Internet ubiquitär präsent gehalten werden. Lehr- und Lerngegenstände und -Medien können im Internet naht- und reibungslos mit anderen Gegenständen und Medien verknüpft und fusioniert werden, so dass ein neues Medium entsteht. Dies ist im Falle der raumzeitlichen Abgeschlossenheit von gedruckten Medien nicht möglich. Hinzu kommt, dass Lehren und Lernen im Internet immer *prozedural* und *aktuell* ist, d.h. nicht – wie im Falle von Lexika – in Form von weiteren Auflagen oder Neuausgaben in bestimmten zeitlichen Abständen aktualisiert wird. Dieses prozedurale Fort- und Weiterentwickeln des Lehr- und Lernraums ist dezidiert für Kooperationen geöffnet, was im Falle von gedruckten Medien deutlich erschwert wird.

Versteht man das Internet als einen virtuellen Bildungsraum, der durch die Kategorien der Digitalität definiert ist, dann ermöglicht es seine Raum- und Zeitlogik, mentale Gehalte wie Gedanken auf eine besondere Weise zu externalisieren, die nicht mehr allein an das sie erzeugende Subjekt gebunden sind. Vielmehr entsteht ein Gedankenraum und -kontext, in welchen sich jedes lehrende und lernende Subjekt einschalten kann, was bei prinzipiell abgeschlossenen, gedruckten Medien nicht der Fall ist. Der Lehr- und Lernkontext erweist sich damit als eine Netzstruktur, die immer weiterentwickelt werden kann, unabhängig vom Träger der Gedanken. Auch die traditionelle Unterscheidung von Lehrendem und Lernendem wird durch die Vernetzungsstruktur immer mehr verflüssigt, wenn auch nicht gänzlich aufgehoben. Die Lernsituation der Digitalität ist nicht die einer *Frontalität*, sondern einer reibungslosen *Horizontalität*. Diese Formen des Lehrens und Lernens lassen sich zweifellos auch ansatzweise in herkömmlichen, raumzeitlich gebundenen analogen Seminarformen wie etwa Lerngruppen oder Plenumsdiskussionen, realisieren, doch fehlt ihnen jene verbindende flexible hypertextuelle Struktur, die das Internet darstellt.

Die didaktische Horizontalität kann insbesondere durch ein interaktives semantisches Wiki realisiert werden.[193] Ein Seminarinhalt etwa wird so zu einem kooperativen Projekt, in welches sich Lehrende und Lernende gleichermaßen interaktiv einbringen. Entscheidend ist dabei, dass die Inhalte der Diskussion auf *vernetzte* Weise präsent gehalten werden, was bei protokollierten Seminardiskussionen nicht der Fall ist. Vielmehr stellt das Internet einen gemeinsamen Referenzrahmen dar, welcher die individuellen Lehr- und Lernleistungen transsubjektiv externalisiert und permanent präsent hält, gewissermaßen die Teilnehmenden um die Präsenzleistung entlastet und darüber die Inhalte stärker ins Zentrum rückt.[194] Eine Beteiligung der Lernenden im Sinne des hypertextuellen Vernetzens von Inhalten mit anderen Inhalten ist also nicht als ein bloßer formaler technischer Akt zu verstehen als vielmehr *selbst* integraler Teil des Lernprozesses im virtuellen Raum. Als ein ursprüngliches Intranet kann sich ein solches Seminar-Wiki mit der Zeit auch mit anderen, externen Wikis vernetzen und zu einem Hyper-Wiki fusioniert werden. Diese Flexibilität der reibungslosen Vernetzung und transsubjektiv-interobjektiven Fusion mit *anderen* Lehr- und Lernkontexten ist in herkömmlichen Seminaren nicht möglich.

Das Aufkommen der neuen Medien trägt dazu bei, dass die Differenz von Lehrendem und Lernendem, von Produzent und Rezipient verschwindet. Zu nennen ist hier insbesondere das Phänomen YouTube, das nicht so sehr als eine Medienplattform als ein virtueller Vermittlungsraum zu verstehen ist.[195] Die Grenzen von Rezeption und Produktion verschwimmen darin, da die Hürden für die Veröffentlichung eigener Medien äußerst gering sind und die Bewertung, Kommentierung und Vernetzung veröffentlichter Medien mit zur Kultur der Plattform gehören. Didaktisch hervorzuheben ist hierbei die mediale integrative Offenheit, die es erlaubt, Inhalte naht- und reibungslos in andere virtuelle Lehr- und Lernräume zu integrieren und transferieren. Eine Herausforderung besteht hierbei darin, die Qualität von Inhalten sicherzustellen, weil prinzipiell erst einmal jegliche Information gleichberechtigt mit anderen koexistiert. Doch lässt sich die Struktur des

Internets auch im Sinne einer Qualitätsprüfung verstehen. Denn da die Inhalte des Internets prinzipiell mit anderen Inhalten verbunden werden, nie für sich alleine existieren, findet eine permanente Relativierung von Information statt, die sich an anderen Informationen und ihrer Qualität zu messen hat. Durch die Art und Weise der Vernetzung mit anderen Informationen zeigt sich mit der Zeit die Qualität und Bedeutung einer Information.

Von besonderer Relevanz sind für eine digitale Didaktik schließlich auch mobile Formen des Lehrens und Lernens, wie sie durch die technologische Innovation von Apps ermöglicht und vorangetrieben werden. Ubiquitäres Lehren und Lernen bedeutet die zunehmende Entkoppelung von raumzeitlichen Vorgaben und Beschränkungen, und damit die Individualisierung *und* Entindividualisierung des Lern- und Lehrprozesses: Wir können auf der einen Seite immer individueller zugeschnittene Lehreinheiten erhalten und diese an unseren individuellen Lernrhythmus autonom anpassen; wir können uns auf der anderen Seite viel leichter als Teil eines virtuellen Lehr- und Lernnetzes grenzübergreifend über diese Lehrgegenstände austauschen. Diese reibungslose Entkopplung bedeutet, positiv gewendet, dass Lehren und Lernen immer mehr an die Hyperflexibilität unseres Denkens *selbst* angepasst werden, welches keine räumlichen und zeitlichen Grenzen kennt. Durch die immer stärkere Integration der neuen Medien in unsere Lebenswelt im Sinne ubiquitären Lehrens und Lernens, etwa im Homeoffice, findet eine Trennung zwischen privat und öffentlich immer weniger statt. Diese lebensweltliche Integration birgt sicherlich zahlreiche Probleme, wie etwa ein fehlendes privates Residuum, doch entspricht sie dem Ideal des lebenslangen Lernens. Zu entwickeln sind deswegen spezifische Tugenden und Kompetenzen, die über die bloß technologische, vielbeschworene «Medienkompetenz» hinausgehen. Entscheidend ist dabei, die neuen Medien nicht als ein technologisches Phänomen zu betrachten, sondern im Rahmen des Begriffs der Digitalität als einen lebensweltlichen Faktor, der unseren Alltag immer mehr bestimmt.

Die neuen Medien, insbesondere das Internet, verlieren immer mehr ihren technologischen und medialen Charakter und werden so zu virtuellen Handlungsräumen, die eigene Realitäten darstellen – jenseits von bloßer Simulation, Illusion oder Fiktion. Die technologische Entwicklung der neuen Medien ist dabei gerade so ausgerichtet, dass räumliche und zeitliche Grenzen immer mehr an Bedeutung verlieren und die interne Vernetzung der Medien im Hypermedium des Internets immer weiter voranschreitet. Diese hochkomplexe und flexible virtuelle Struktur ist durch eine Raum-Zeit-Logik charakterisiert, die reibungsloses Verbinden von Lehr- und Lerngegenständen zu einem interaktiven, semantischen Hypertext ermöglicht. Damit besteht eine Strukturanalogie von virtueller Realität und der Verfasstheit unseres Denkens, die sich didaktisch fruchtbar machen lässt. Das Internet als ein Hypermedium erlaubt es, verschiedene Medien aufeinander zu beziehen, sie mit einander zu vernetzen und zu einem neuen Medium nahtlos zu fusionieren. Zu denken ist hier etwa an eine Kombination von Lehrvideos und Wikis, Chat-Foren und Apps, aber auch die Einbeziehung von KI im Sinne einer Erweiterung des Bildungsraums. Diese Nahtlosigkeit der Verbindung ist bei analogen Medien nicht möglich, da ihnen die verbindende und sie fundierende Grundstruktur des Internets fehlt.

Lehren und Lernen im virtuellen Raum ist gerade keine bloße Simulation, sondern in vielerlei Hinsicht *realer* als ihre analogen Entsprechungen: Virtuelle Lehre kommt durch die raumzeitliche Flexibilisierung der vernetzenden Struktur unseres Denkens viel näher als es analoge Lehre vermag, die gegenüber der virtuellen Lehre als improvisiert und behelfsmäßig erscheinen muss. Digitale und analoge Lehre sind freilich nicht als Gegensätze zu verstehen, sondern als verschiedene Ausformungen einer im Grunde identischen Aktivität des bedeutungsvollen Vernetzens und Verstehens. Dies bedeutet, dass gerade didaktische Hybridformen die Vorzüge der jeweiligen Lehrformen auf eine fruchtbare Weise kombinieren können. Zu denken ist hier an verbindliche Präsenzsitzungen, auf denen die Teilnehmenden Ergebnisse einander präsentieren, um im Anschluss wieder auf individuelle Weise virtuell zu lernen.

Intensiviert wird die digitale Lehre schließlich durch die Integration künstlicher Intelligenz, insbesondere in Form von künstlichen neuronalen Netzen (KNNs). Denn auch diese lassen sich, wie das Internet, mit gutem Recht strukturanalog zur Verfasstheit unseres Denkens verstehen, insofern sie durch raumzeitlich reibungslose Vernetzungen eine Lernleistung erzielen.[196] Diese Lernleistung besteht darin, dass das KNN didaktisch relevante Muster durch die Versuch-und-Irrtum-Methode internalisiert. So entstehen in letzter Konsequenz hochflexible *Entwurfsmuster*, also Lösungsparadigmen für ganz verschiedene Lehr- und Lernkontexte. Künstliche Intelligenz ersetzt damit nicht die individuelle Lehr- und Lernleistung, sondern *erweitert* sie vielmehr, indem sie gewaltige Datenmengen – seien es Texte oder experimentelle Informationen – vorverarbeitet und so didaktisch handhabbar macht.[197]

Auch die Externalisierung des Denkens wird durch KNNs weiter vorangetrieben. Diese ‹interagieren› und interferieren mit menschlichen Individuen insofern, als diese zur Datenbasis beitragen, auf der dann die verschiedenen Algorithmen ansetzen können. Lehrende und Lernende bestimmen und liefern die Datengrundlage, auf deren Basis dann erst KI zu weiteren ‹Erkenntnissen› gelangen kann, die wiederum zur Datengrundlage für neues Lehren und Lernen werden.[198] Damit gehen in die Lernprozesse von KNNs die individuellen menschlichen Lernleistungen ein und verbinden sich zu einem umfassenden Lernprozess im Zuge eines «Shift from Teaching to Learning»: Das *Lernen als solches* wird damit ins Zentrum gestellt, und es ist nicht mehr so sehr das Verhältnis von Lehrendem, Lernendem und Lerngegenstand von Interesse als vielmehr die Bedingungen, Strukturen und Prozesse, welche Lernen erst ermöglichen. Die Integration von KI in den Lehr- und Lernprozess ist insofern nicht angemessen durch den Begriff der «Mensch-Maschine-Interkation» beschrieben. Vielmehr wird KI immer mehr Teil unserer interobjektiven Lebenswelt, die auch den Raum des Lehrens und Lernens mit einschließt.

Wie ändert sich die Bedeutung der Philosophie angesichts der Digitalität? Die Philosophie ist eine Disziplin, die sich selbst zum Gegenstand und damit zum Problem hat: Was Philosophie ist oder sein sollte, ist selbst eine philosophische Frage. Eine weitere Besonderheit, die mit dieser disziplinären Reflexivität aufs Engste zusammenhängt, besteht darin, dass in der Philosophie Inhalt und (didaktische) Methode zusammenfallen. Die Art und Weise des Philosophierens ist untrennbar mit dem Inhalt des Philosophierens verwoben: Sie handelt nicht so sehr von bestimmten Gegenständen, sondern von der Bedingung der Möglichkeit ihrer Existenz, operiert also auf einer Metaebene. Dass dies so ist, wird bereits an der Figur des platonischen Sokrates deutlich, der als Inbegriff des Philosophen gelten darf und der nicht durch seine Schriften – er hat keine hinterlassen –, sondern nur im argumentativen lebendigen Dialog mit anderen philosophierte. Die sokratische Philosophie besteht im Geben und Nehmen von Gründen (*lógon didónai*) – im Gegensatz zur bloßen Sophistik, der es nicht darum ging, den Anderen mit guten Gründen zu *überzeugen*, sondern ihn nur zu *überreden*. Dieses Geben und Nehmen von Gründen kann man seit Sokrates als die Kernaktivität der Philosophie bezeichnen. Es ist der lebendige und kontroverse Diskurs, der rationale Dialog, der prinzipiell offen und unabschließbar ist:

Jede reflexive Metaebene lässt sich in der Philosophie prinzipiell wieder zum Gegenstand einer Reflexion und damit zur Objektebene machen. Philosophieren bedeutet in diesem Sinne, Verbindungen rational herzustellen und Verhältnisse der Welt, die uns enthält, zu klären, und zwar durch Argumente und Integration neuer Aspekte in ein kohärentes und konsistentes Ganzes. Dieses Ganze ist nicht so sehr ein fest gefügtes System, sondern ein Zusammenhang von Gründen, die wiederum ihrerseits mit guten Argumenten verhandelbar sind. In der gegenwärtigen analytischen Philosophie wird dieser Zusammenhang auch als «Raum der Gründe» bezeichnet.[199] Ein solcher Zusammenhang lässt sich, wie noch genauer gezeigt werden soll, als ein Hypertext näher charakterisieren.

Philosophie, so die geläufige Meinung, betreibe man am besten traditionell, also analog, mit physisch präsenten gedruckten Texten und in konkreten Seminarsituationen, der Präsenzlehre. Auch wird mit Blick auf die Geisteswissenschaften darauf hingewiesen, dass digitale Medien, wie sie in den «Digital Humanities» verwendet werden, nur quantitativ erklären, jedoch nie qualitativ *verstehen* helfen:

> Der quantifizierende Ansatz komputationeller Methodik stößt in einer Fächerkultur auf Befremden, die im Qualitativen immer ihren eigentlichen Bestimmungsgrund gesucht und gefunden hat. Den Geist zu messen, das scheint sowohl denjenigen, die sich professionell mit ebendiesem befassen, als auch einer Öffentlichkeit, die in Geschichte, Kunst und Literatur eher das Andere der Technologie vermutet, als Sakrileg.[200]

Diese Skepsis ist zunächst sicherlich berechtigt, doch trifft sie nicht so sehr die digitalen Medien als solche, sondern nur ihren falschen Gebrauch. Neue Medien erlauben es, einen Hypertext zu generieren, der der diskursiven Natur der Philosophie gerecht wird. Damit ist es möglich, digitale Medien nicht nur quantitativ einzusetzen, wie es bislang in den «Digital Humanities» überwiegend der Fall ist, sondern auch qualitativ. Die in der letzten Zeit häufig erwähnte «digitale Transformation»[201] der Geisteswissenschaften und ihrer Lehre muss also keineswegs bedeuten, dass ihnen damit ein fremdes Medium übergestülpt wird. Vielmehr soll im Folgenden «Transformation» wörtlich genommen und gezeigt werden, dass digitale Form (als Hypertext) und Geisteswissenschaft (am Beispiel der Philosophie) aufs Engste verwandt sind. Dieser flexible und kommunikative Charakter des Hypertextes besitzt insofern eine Strukturanalogie zur diskursiven Natur der Philosophie, die ebenfalls als ein komplexes Verweisungssystem aufgefasst werden kann. Begriffe erhalten ihre Bedeutung nur im semantischen Kontext, in dem sie stehen, und dieser Kontext ist dialogisch bzw. intersubjektiv verfasst. Die Bedeutung ist umso einheitlicher, je kohärenter das semantische Netz und intensiver der Dialog ist. Auf die Philosophie bezogen bedeutet dies, dass ein flexibler Kontext bzw. Raum des Gebens und Nehmens von Gründen entwickelt werden muss, der keinem Systemzwang unterliegt. Dieser Kontext lässt sich als ein ‹geistiger› Kontext beschreiben, der nicht nur quantitativ, sondern auch qualitativ bestimmt ist.

Wie kann nun dieser Situation der Philosophie didaktisch-medial konkret entsprochen werden? Zunächst ist zu betonen, dass die Integration der neuen Meiden nicht als Ersatz der herkömmlichen Seminarsituation und -diskussion dienen kann und soll, sondern als Ergänzung, Fortführung und Transformation. Die neuen Medien weisen nämlich eine Flexibilität auf, die in besonderem Maße dafür geeignet ist, sich an den diskursiven und kontroversen Charakter der Philosophie anzubinden, diesen adäquat digital abzubilden und weiter zu vernetzen. Dies kann durchaus spielerisch geschehen. Der Philosoph Ludwig Wittgenstein hat mit Blick auf die Bedeutung sprachlicher Zeichen in seinen *Philosophischen Untersuchungen* den Begriff des «Sprachspiels» geprägt: «Das Wort ‹Sprachspiel› soll hier hervorheben, daß das Sprechen der Sprache ein Teil ist einer Tätigkeit, oder einer Lebensform.»[202] «Die Bedeutung eines Wortes», so Wittgenstein, «ist sein Gebrauch in der Sprache»[203]. Dieser spielerische Gebrauch sprachlicher Zeichen ist jedoch nicht auf den analogen Gebrauch beschränkt. Die diskursive Struktur der Philosophie lässt sich vielmehr digital transformieren, sie teilt dieselbe Struktur.

Fassen wir das Spiel nicht im Sinne einer bloß rezeptiven Haltung auf, sondern als Aktivität, Kritik und Verwirklichung unserer Freiheit im modalen Raum, so können wir auch das Computerspiel als ein Bildungsprozess verstehen. Denn hier lassen sich die Modalitäten von Möglichkeit, Wirklichkeit, Notwendigkeit, aber auch von Simulation, Fiktion und Illusion auf eine kreative Weise in ein Verhältnis bringen. Dieser modale Bildungsprozess im virtuellen Raum ist zugleich offen für ethische Bildung, die in der ästhetischen Reflexion vollzogen werden kann. Denn die Unterscheidung zwischen bloßer Simulation und (virtueller) Realität ist kein rein theoretischer Akt, sondern eine Praxis, die normative Signifikanz besitzt und die sich mittelbar als moralisch relevant manifestiert.

Wie kann nun die diskursive Struktur der Philosophie digital eingefangen und so transformiert werden, dass dabei das Philosophische – d.h. das freie Spiel des Gebens und Nehmens von Gründen – nicht verloren geht? Die Hypertextualität neuerer digitaler Medien eignet sich besonders gut, um das philosophische Denken abzubilden, und zwar deshalb, weil es nicht linear bzw. vertikal verfährt, sondern raum-zeitlich dezentral ist und ‹horizontale› Bezüge erlaubt. Begriffe erhalten ihre Bedeutung nur in der freien und flexiblen Praxis des Sprachspiels, d.h. auch der Sprachkritik, womit durchaus auch Phänomene wie Spielinterkation gemeint sind. Diese Flexibilisierung des Gebens und Nehmens von Gründen kann so weit geführt werden, dass das Philosophieren ubiquitär und unabhängig von bestimmten Orten und Zeiten ist.

Aufklärung der Digitalität

Der Vollzug der Differenz zwischen Digitalisierung und Digitalität lässt sich im Sinne der Aufklärung näher verstehen. Denn verstanden als bloße Technik und Instrument, laufen wir Gefahr, in eine rein passive Haltung zur Digitalisierung zu geraten, die sich näher als Heteronomie bestimmen lässt. Wir werden abhängig von den Inhalten, die die neuen Medien uns anbieten, und wir werden zugleich abhängig von der Technik, die nicht selten rein ökonomisch interessiert ist, und der wir in unserer passiven Haltung ausgeliefert sind. Medialität wird so zum bloßen Konsummedium reduziert. Nicht selten kann eine solche passive Haltung auch in eine vollständige Abhängigkeit münden, die unsere gesamte Lebensform und Lebenswelt betrifft.

Gerade transhumanistische Theorien verstehen sich in der Tradition der Aufklärung. Doch lässt sich ihr Aufklärungsbegriff als technokratische Auffassung von Digitalisierung kritisieren, die der Digitalität gerade entgegensteht. Der Transhumanismus extrapoliert auf künftige Entwicklungen durch Analogien und Prognosen. Er orientiert sich an der biologischen Evolutionstheorie und erweitert diese durch eine technologische Evolutionstheorie, in der Technik und Mensch immer mehr konvergieren. Die technologische Entwicklung rechtfertigt sich aus der Sicht des Transhumanismus selbst. Technik verbürgt demnach ihre eigene Normativität, ja Technologie wird selbst zu einer Form von Ethik. Das Verhältnis von Mensch und Technik wird im Transhumanismus auf eine solche Weise gefasst, dass beide koinzidieren, d. h. dass der

Mensch verdinglicht bzw. evolutionstheoretisch zur Software verflüchtigt wird. Diesem *technologischen Fehlschluss* von der Technik auf ihren Wert kann durch den Begriff der Digitalität kritisch begegnet werden. Denn Digitalität zeigt an, dass darin Technik weder als Herrschaftsform noch als Hilfsmittel gebraucht, sondern als Form virtueller Realität im Sinne der Erweiterung unserer Freiheit verstanden wird.

Die Autoren des Buchs *Digitale Aufklärung* haben zehn Thesen formuliert, die die Frage zu beantworten suchen, «Warum wir eine ‹digitale Aufklärung› brauchen»[204]. Zurecht betonen sie bereits in der ersten These die Ubipräsenz der Digitalisierung: «Alles was sich digitalisieren lässt, wird digitalisiert. Alles, was sich vernetzen lässt, wird vernetzt. Und das verändert alles!»[205] Ebenso verweisen sie auf die transformative Bedeutung der Digitalisierung, die neue Kategorien erfordern: «Begriffe und Erfahrungen aus der analogen Vergangenheit werden dieser sich dynamisch weiterentwickelnden Gegenwart immer weniger gerecht. Sie wirken in der aktuellen Debatte ebenso naiv wie unpassend oder überheblich. In jedem Fall aber hilflos.»[206] Neue Kategorien zu entwickeln bedeutet demnach, eine Aufklärung und Orientierung zu schaffen. Dabei verweisen die Autoren auf die Bedeutung Immanuel Kants, dessen Stellung sich mit der gegenwärtigen Herausforderung vergleichen lasse. Kant hatte in seiner Schrift über die *Beantwortung der Frage: Was ist Aufklärung?* (1748) Aufklärung folgendermaßen definiert:

> Aufklärung ist der Ausgang des Menschen aus seiner selbst verschuldeten Unmündigkeit. Unmündigkeit ist das Unvermögen, sich seines Verstandes ohne Leitung eines anderen zu bedienen. Selbstverschuldet ist diese Unmündigkeit, wenn die Ursache derselben nicht am Mangel des Verstandes, sondern der Entschließung und des Mutes liegt, sich seiner ohne Leitung eines andern

zu bedienen. Sapere aude! Habe Muth dich deines eigenen Verstandes zu bedienen! ist also der Wahlspruch der Aufklärung.[207]

Kant erblickt die Gründe unserer selbstverschuldeten Unmündigkeit in unserem Hang, unsere Freiheit aufzugeben und in passiver Bequemlichkeit zu verharren: «Faulheit und Feigheit sind die Ursachen, warum ein so großer Teil der Menschen, nachdem sie die Natur längst von fremder Leitung frei gesprochen […], dennoch gerne zeitlebens unmündig bleiben […]. Es ist so bequem, unmündig zu sein.»[208] Interessant ist dabei nun, dass Kant die heteronome Unmündigkeit gerade auch durch Verweis auf unseren Mediengebrauch diagnostiziert und kritisiert: «Habe ich ein Buch, das für mich Verstand hat […], so brauche ich mich ja nicht selbst zu bemühen. Ich habe nicht nötig zu denken, wenn ich nur bezahlen kann; andere werden das verdrießliche Geschäft schon für mich übernehmen.»[209] Den Ausgang aus dieser selbstverschuldeten Unmündigkeit sieht Kant in unserer Freiheit «von seiner Vernunft in allen Stücken *öffentlichen Gebrauch* zu machen.»[210] Wie aber können wir uns im Rahmen der Digitalität einen öffentlichen Gebrauch der Vernunft denken?

Sybille Krämer hat sehr treffend von einer «Kritik der digitalen Vernunft» gesprochen, die wir für eine digitale Aufklärung benötigen.[211] Diese Kritik lässt sich nach Krämer im Sinne eines *genitivus objectivus* und *subjectivus* genauer verstehen:[212] Nicht nur erfordert eine digitale Aufklärung, dass wir die digitale Vernunft kritisieren – d. h. mit Kant gesprochen, ihre Geltungsansprüche prüfen –, sondern auch, dass wir durch die digitale Vernunft die digitale Aufklärung selbst vollziehen. Nun kann jedoch eine digitale Aufklärung nicht in *demselben* digitalen Sinne erfolgen wie demjenigen, den es zu kritisieren gilt. Eine digitale Aufklärung muss vielmehr von einer Metaebene aus die Digitalisierung kritisch reflektieren und sich davon zugleich kritisch unterscheiden. Sie darf selbst nicht denjenigen Bedingungen unterliegen, die es aufzuklären gilt, sondern muss über das bloß technisch Digitale hinausweisen. Im Rahmen einer digitalen Aufklärung wird also das Digitale selbst problematisch und weist über sich hinaus. Insofern gilt es, die Unterscheidung zwischen Digitalisierung und Digitalität auf die digitale Aufklärung selbst zu beziehen. Digitaltät wird so sichtbar als eine Perspektive jener Aufklärung, die die Digitalisierung zum Gegenstand hat. Eine öffentliche Vernunft, durch die eine digitale Aufklärung vollzogen werden soll, muss insofern eine *virtuelle* Vernunft sein. Eine solche Form von Rationalität unterliegt nicht den deterministischen und heteronomen Bedingungen der Digitalisierung – sei es im Sinne der bloßen Objektivierung, Quantifizierung oder Ökonomisierung –, sondern erlaubt ihren qualitativen virtuellen Gebrauch. Eine öffentliche digitale Vernunft folgt insofern den Kategorien der Digitalität: Sie ist ubipräsent, interobjektiv und transsubjektiv.

Allerdings lässt sich Kants Aufklärungsbegriff nicht mehr unmittelbar auf die gegenwärtige Situation der Digitalisierung anwenden. Denn diese unterliegt ganz anderen medialen Bedingungen der Öffentlichkeit, als sie zu seiner Zeit galten. Worin besteht also die spezifisch *digitale* Unmündigkeit? Ganz analog zu Kants Beispiel des Buches könnten wir zunächst argumentieren, dass wir Informationen im Internet für bare Münze nehmen. Doch ist das Internet nicht nur ein Medium, sondern ein virtueller Handlungsraum. Daher kann die digitale Unmündigkeit auch darin bestehen, dass wir das Internet *nur* als ein Konsummedium verwenden, und nicht als virtuellen möglichen Raum zur Vergrößerung unserer Freiheit. Eine weitere digitale Unmündigkeit kann darin bestehen, die Entwicklung der Digitalisierung als ein rein technologisches oder technokratisches Phänomen zu verstehen, d. h. im Sinne einer rein quantitativen und instrumentellen Verbesserung. Wir verwenden demnach die Digitalisierung nur als ein Instrument, als technokratisches Medium, als reine Vermittlungsinstanz, ohne eigenen qualitativen Gehalt und Freiheitspotential. Eine weitere Form digitaler Unmündigkeit besteht darin, dass wir nicht genügend zwischen Simulation und physischer Realität unterscheiden. Dies ist etwa dann der Fall, wenn wir durch Immersion in die neuen Medien so einbezogen werden, dass wir uns darin verlieren und keinen Rückbezug zu unserer Lebenswelt mehr herstellen können, sondern in einer Scheinwelt gefangen sind. Schließlich kann aber digitale Unmündigkeit gerade auch darin bestehen, dass wir nicht genügend zwischen Simulation und *virtueller* Realität unterscheiden, ja beide miteinander identifizieren. Wir vollziehen dadurch nicht die kritische Differenz zwischen Digitalisierung und Digitalität, und berauben uns unserer virtuellen Freiheitsräume, Bekanntes und Vorhandenes auf neue, kreative Weise zu realisieren.

Es gilt daher, Kants Rede von dem «öffentlichen Gebrauch» unserer Vernunft als Ausgang aus der selbstverschuldeten Unmündigkeit auf die Sphäre der Digitalität kritisch zu beziehen. Wie kann also ein digitaler Ausgang aus unserer selbstverschuldeten digitalen Unmündigkeit erfolgen? Hier ist zunächst die Kategorie der Interobjektivität und Transsubjektivität relevant. Im Rahmen der Digitalität hat die Öffentlichkeit eine neue Bedeutung und Dimension erhalten. Es ist prinzipiell *alles* öffentlich, und die Unterscheidung zwischen privat und öffentlich wird zunehmend aufgehoben. Öffentlicher Gebrauch unserer Vernunft bedeutet insofern, das Internet nicht als ein bloßes Instrument oder Medium der Informationsbeschaffung oder des Konsums zu betrachten, sondern als einen virtuellen Handlungsraum, in welchen wir uns selbst einbringen, und den wir dadurch erweitern. Unser Gebrauch der Vernunft wird damit zu einem *virtuellen* Gebrauch unserer Vernunft. In diesem öffentlichen, virtuellen Gebrauch unserer Vernunft verstehen wir unsere Handlungen nicht als bloße Simulationen, Illusionen oder Fiktionen, sondern als virtuelle Realitäten, für die wir Verantwortung tragen. Wir verstehen demnach die Digitalisierung nicht als uns oder andere beherrschende Technik, sondern als Ermöglichungsgrund von Freiheit im Sinne virtueller Realität. Der virtuelle Handlungsraum des Internets wird durch Interobjektivität und Transsubjektivität zu einem öffentlichen Freiheitsraum. Verstehen wir das Internet nicht als bloßes Konsummedium, sondern als einen öffentlichen virtuellen Freiheitsraum, so wird es zu einem Grundbedürfnis jenseits bloßer Suchtdiskurse, auf welches alle Menschen ein gleiches Recht haben. Deswegen sollte das Internet auch keine nationale, sondern eine internationale Angelegenheit sein. Es verkörpert die Idee der globalen, gleichberechtigten Gesellschaft. Der Ausgang aus der selbstverschuldeten Unmündigkeit der neuen Medien und Technologie ist also ihre kritische Virtualisierung, die sich von bloßer Simulation, Illusion und Fiktion realitätserweiternd unterscheidet.

Virtualität als Lebensform: Zur Anthropologie der Digitalität

Digitalität steht im Kontrast zu herkömmlichen kulturellen Phänomenen der zweiten Natur, die mit der Individualisierung, der Intersubjektivität, der Kritik der Vergegenständlichung und der Erinnerung und Repräsentation der Geschichte verbunden sind. Denn diesen Ordnungsschemata setzt die Digitalität die Dimensionen der Transsubjektivität, der Interobjektivität und der Ubipräsenz entgegen. Dies geschieht jedoch auf eine Weise, die unsere Würde und unsere Freiheit gerade nicht einschränkt, sondern vielmehr neue, virtuelle Räume ihrer Verwirklichung, Vernetzung, Entfaltung und Bildung eröffnet.

Angesichts der neuen, virtuellen Möglichkeiten des Internets hat Hubert Dreyfus kritisch zu bedenken gegeben, dass wir dadurch unseren Bezug zu unserem Körper und damit überhaupt zur Realität verlieren könnten:

> [W]hen we enter cyberspace and leave behind our emotional, intuitive, situated, vulnerable, embodied selves, and thereby gain a remarkable new freedom never before available to human beings, we might, at the same time, necessarily lose some of our crucial capacities: our ability to make sense of things so as to distinguish the relevant from the irrelevant, our sense of the seriousness of success and failure that is necessary for learning, and our need to get a maximum grip on the world that gives us our sense of the reality of things.[213]

Dreyfus' Kritik berücksichtigt dabei allerdings nicht die Differenz zwischen Simulation und virtueller Realität, wie sie für die Digitalität zentral ist. Im virtuellen Handlungsraum des Internets zu interagieren bedeutet nicht zwangsläufig, unseren Sinn für Realität zu verlieren. Im Gegenteil: Indem wir virtuelle Realität als eine *Form* von Realität erkennen, etablieren wir einen erweiterten Wirklichkeitssinn und -bezug, der sich nicht ausschließend, sondern *komplementär* zu unserem physischen Wirklichkeitsbezug verhält. Unseren Sinn für Wirklichkeit zu schärfen bedeutet also gerade nicht, nur physische Wirklichkeit zu reflektieren, sondern gerade auch, *andere* Formen von Wirklichkeit zu erkunden und zu gestalten.

Verstehen wir Digitalität am Leitfaden der Virtualität und nicht primär im Sinne von Technologie, Medialität, Medienkonsum, Simulation, Fiktion und Illusion, so lässt sie sich mit der Natur des Menschen – verstanden im Sinne seiner adäquaten *Lebensform* – in eine systematische Beziehung und Kontinuität bringen. Denn wenn virtuelle Realität als Freiheitsdimension immer schon zur menschlichen Natur gehört und sich in ganz verschiedenen Bereichen manifestiert, dann beschreibt die Digitalität nur eine, wenn auch paradigmatische, Form dieser virtuellen Realität. Nicht mehr erscheint darin die digitale Technik als etwas Fremdes, Entfremdetes oder Entfremdendes. Vielmehr wird Digitalität transparent auf virtuelle Realität als genuine Lebensform des Menschen – sie ist ihm zur Natur geworden. Menschliche Existenz wird darin sichtbar als permanente Virtualisierung, als Schaffung von neuen Realitäten in der Notwendigkeit der Alterität zwischen Eigentlichkeit und Uneigentlichkeit. Das zu Virtualisierende, die Natur, und das Virtualisierte, die Kultur, werden darin in Art einer dritten Natur aufeinander bezogen. Digitalität als virtuelle Realität ist demnach nichts, was der menschlichen Natur entgegensteht; vielmehr ist sie ein genuiner Ausdruck menschlicher Existenz.

Anthropologie und Digitalität stehen also einem engen Verhältnis zueinander, welches nicht angemessen durch die Opposition «Mensch vs. Technik» oder «Mensch vs. Maschine» charakterisiert ist. Wenn Digitalität durch den Begriff der virtuellen Realität bestimmt ist, dann kann Digitalität im Sinne einer Anthropologie verstanden werden. Virtuelle Realität wird darin als eine Dimension und Existenzweise des Menschen sichtbar, die in seiner Freiheit besteht. Diese Freiheit ist eine kreative Freiheit, die es erlaubt, vorhandene und bekannte Dinge auf eine andere Weise neu zu realisieren. Virtualisierung zeigt sich am Paradigma der Digitalität als prinzipielle Freiheit alternativer Möglichkeiten und Ermöglichungen, die unsere gesamte Lebenswelt betrifft. So gesehen verhält sich die Anthropologie der Digitalität gerade entgegengesetzt zur Anthropologie des Transhumanismus: Wir transzendieren darin nicht unsere Natur, sondern *explizieren* sie, indem wir ihre Freiheit im Sinne der kreativen Alterität erweitern. Mensch und Technik stehen sich im Rahmen der Digitalität nicht mehr entgegen. Vielmehr erweist sich die Technik im Grunde als Ausdruck seiner virtuellen Realität.

Anmerkungen

1 Der Verfasser hat jedoch eine Online-Vorlesung zum Thema «Philosophie der Digitalität» an der Ludwig-Maximilians-Universität München gehalten. Im Rahmen eines Online-Lehrauftrags an der ETH Zürich hat er außerdem zusammen mit Dr. Arno Schubbach ein Seminar zum Thema «AI – Interdisciplinary Perspectives» veranstaltet. Beide Veranstaltungen, aus denen dieser Essay hervorgegangen ist, können auf dem YouTube Kanal «PhiloCast» (www.youtube.com/c/PhiloCast) nachgesehen werden. Ich entwickle dabei jene Perspektiven weiter, die ich in Noller (2021) skizziert habe.
2 McLuhan (1994), 33.
3 McLuhan (1962), 64.
4 McLuhan (1994), 9.
5 McLuhan (1994), 7.
6 McLuhan (1994), 9.
7 Ich konzentriere mich im Folgenden auf jene KI, die mit maschinellem Lernen zu tun hat.
8 Der Verfasser des vorliegenden Essays wird eine solche «Philosophie der Digitalität» in seinem gleichnamigen Buch ausführlicher darstellen und systematisch weiterentwickeln.
9 Stalder (2016), 11.
10 McLuhan (1962).
11 Stalder (2016), 10.
12 Stalder (2016), 9.
13 Stalder (2016), 12.
14 Stalder (2016), 95.
15 Stalder (2016), 12f.

16 Schier (2021), 13.
17 Stalder (2016), 95.
18 Stalder (2016), 13.
19 Stalder (2016), 13.
20 Stalder (2016), 95.
21 Stalder (2016), 13.
22 Stalder (2016), 95.
23 Stalder (2016), 13.
24 Vgl. Stalder (2016), 96.
25 Stalder (2016), 96.
26 Garcia (2017), 33.
27 Garcia (2017).
28 Specht (2018), 10.
29 Hegel (1986), TWA 7, 26.
30 Hegel (1986), TWA 7, 28.
31 Julian Nida-Rümelin argumentiert ebenfalls für einen Mittelweg «[j]enseits apokalyptischer Untergangsszenarien und technizistischer Erlösungshoffnungen» (2018, 4), doch berücksichtigt er nicht die digitale Differenz zwischen Digitalisierung und Digitalität, sondern versteht seine Position als einen integrativen «digitalen Humanismus», in welchem die Digitalisierung nach humanistischen Prinzipien kontrolliert wird.
32 So treffend Julian Nida-Rümelin in seinem Buch «Digitaler Humanismus» (Nida-Rümelin/Weidenfeld 2018).
33 Kurzweil (2005), 9.
34 Eine eingehende philosophische Untersuchung des Begriffs der virtuellen Realität steht noch aus. Darin wäre insbesondere die ontologische Bedeutung virtueller Realität mit Blick auf Fiktionen, Simulationen und Illusionen näher zu bestimmen.
35 Vgl. Nida-Rümelin/Weidenfeld (2018), 204: «Der digitale Humanismus plädiert für eine instrumentelle Haltung gegenüber der Digitalisierung [!]: Was kann ökonomisch, sozial und kulturell nutzen, und wo lauern Gefahren?»
36 Vgl. Nida-Rümelin/Weidenfeld (2018), 13.
37 Spitzer (2014).

38 Spitzer (2015).
39 Spitzer (2018).
40 Schmitt (2021), 9f.
41 Schmitt (2021).
42 Floridi (2015), 7.
43 Floridi (2015), 7.
44 Zur Kritik der instrumentalistischen Interpretation der neuen Medien vgl. Krämer (1998), 32.
45 Esposito (2000), 69.
46 Vgl. zum Begriff der virtuellen Realität: Holischka (2016) und Noller (2021).
47 Vgl. zur Frage nach der Modalität virtueller Realität bereits Holischka (2016), 88 und Noller (2021), 45.
48 Krämer (2000).
49 Floridi (2015), 64.
50 Zur «Re-Analogisierung» der «digitalen Umwelt» vgl. Zimmerli (2021), 9.
51 Urchs/Cole (2013), 42.
52 Urchs/Cole (2013), 44.
53 Auf die Notwendigkeit, für die neuen Phänomene im Rahmen der Digitalität neue Begriffe zu prägen, hat auch Luciano Floridi (2015, 12) hingewiesen: «Genau wie ein guter Schwimmer […] in der Lage ist, stromaufwärts zu schwimmen, sollte ein guter Philosoph die schwierige Kunst beherrschen, ‹sprachaufwärts› zu denken, gegen den Strom sprachlicher Gewohnheiten.»
54 Castells (2017), 462.
55 Floridi (2015b, 2) spricht in diesem Sinne von einem «shift from the primacy of stand-alone things, properties, and binary relations, to the primacy of interactions, processes and networks».
56 Vgl. zum Begriff der Interobjektivität, wenn auch nicht mit Blick auf Digitalität und virtuelle Realität, sondern auf die Technologie der Digitalisierung: Huy (2016).
57 Vgl. Noller (2021), 42ff.
58 Castells (2017), 408.
59 Castells (2017), 458.

60 Castells (2017), 458.
61 Castells (2017), 459.
62 Castells (2017), 461.
63 Castells (2017), 459 f.
64 Castells (2017), 462.
65 Vgl. Castells (2017), 459: «Es gibt [...] keine Trennung zwischen der ‹Wirklichkeit› und ihrer symbolischen Repräsentation. In allen Gesellschaften hat die Menschheit in einer symbolischen Umwelt existiert und durch sie gehandelt.»
66 Zu einem solchen, alltäglichen Verständnis von virtueller Realität vgl. Sherman/Craig (2003).
67 Die Frage nach dem ontologischen Status fiktiver Gegenstände wird in der aktuellen philosophischen Debatte kontrovers diskutiert. Für einen Überblick vgl. Kroon/Voltolini (2018).
68 Vgl. Ryan (2011), 26.
69 Vgl. zu dieser ontologischen Auffassung von virtueller Realität Holischka 2018, 86–87; Noller 2021, 44.
70 Grimshaw (2014), 4.
71 Vgl. zur Sozialontologie virtueller Gegenstände im Anschluss an John Searle: Brey (2003).
72 Zur Erfolgsgeschichte von Wikipedia, aber auch zu seinen Problemen, vgl. Richter (2020).
73 Vgl. zu dieser Wendung, wenn auch nur in metaphorischer Rede, Sellars (1991), 169.
74 Heim (1993), XI.
75 Heim (1998), IX.
76 Vgl. Krämer (1998), 33: «Virtuelle Realitäten sind eine Technik, interaktive Spiegelungen symbolischer Welten möglich zu machen.» Krämer spricht in diesem Sinne auch von der «Simulationstechnik virtueller Realitäten» (1998, 36). Zur Kritik dieser Auffassung vgl. Holischka (2016), 132.
77 Milgram/Kishino (1994).
78 Grimshaw (2014).
79 Kasprowicz/Rieger (2020).
80 Kasprowicz/Rieger (2020), 1.

81 Kasprowicz/Rieger (2020), 2.
82 Kasprowicz/Rieger (2020), 9.
83 Kasprowicz/Rieger (2020), 1.
84 Kasprowicz/Rieger (2020), 6.
85 Brey (2014), 43.
86 Kasprowicz/Rieger (2020), 6.
87 Brey (2014), 43.
88 vgl. dagegen Malpas (2000).
89 Brey (2014), 44.
90 Hui (2016), 3.
91 vgl. Chalmers (2017), 310; Chalmers (2019).
92 Chalmers (2017), 311.
93 Chalmers (2017), 312.
94 Floridi (2015), 65.
95 Floridi (2015), 65.
96 Wisbar (2020), 249.
97 Zur Bedeutung des Geldes für das Phänomen der virtuellen Realität vgl. auch Holischka (2018), 87.
98 Malpas (2009), 135.
99 Malpas (2009), 135.
100 Malpas (2009), 136.
101 Malpas (2009), 136.
102 Malpas (2009), 138.
103 Malpas (2009), 138.
104 Wisbar (2020), 250.
105 Baker (2000); Baker (2002); Baker (2007).
106 Baker (2000), 20 f.
107 Baker (2002), 32.
108 Baker (2002), 35.
109 Vgl. zur Bedeutung des Ortes für digitale virtuelle Realitäten Holischka (2016).
110 Hier wäre noch genauer zu untersuchen, ob nicht durch die Einführung künstlicher Computergegner, wie etwa in einem virtuellen Schachspiel, die Simulation zur virtuellen Realität erhoben werden kann.

111 Verwiesen sei hier auf den blauen Partyhut des Online-Rollenspiels «Runescape», der mehrere tausend Dollar wert ist.
112 Für eine Abgrenzung des Virtuellen von Simulation und Fiktion vgl. Esposito (2000), 270. Allerdings erfolgt diese Unterscheidung im Wesentlichen in semiotischer und nicht in ontologischer Hinsicht.
113 Noller (2021), 44.
114 Castells (2017), 462.
115 Vgl. McTaggart (1908), 462: «[T]he C series [...] is not temporal, for it involves no change, but only an order.»
116 Vgl. Noller (2021), 48.
117 Vgl. Holischka (2016), 13.
118 Vgl. neuerdings Misselhorn (2018), Misselhorn (2021), Dubber/Pasquale/Frank/Das (2020); Wagner (2020).
119 Vgl. im Folgenden Noller (2022b).
120 Zur empiristischen Dimension von KI vgl. Buckner (2018).
121 Vgl. Kant (1998), KrV, B 75. Vgl. auch Stalder (2016), 13.
122 Vgl. zum Begriff der Interobjektivität auch Hui (2016),158–160, der diesen Begriff jedoch gerade nicht lebensweltlich, sondern nur im technischen Sinne versteht und mit dem lebensweltlichen Begriff der Intersubjektivität kontrastiert.
123 So treffend Julian Nida-Rümelin (2018, 18).
124 Vgl. Nida-Rümelin/Weidenfeld (2018), 36.
125 Nida-Rümelin (2018, 13) spricht in diesem Zusammenhang von den «Apokalyptikern» und grenzt diese problematische Tendenz von der nicht weniger problematischen Tendenz der «Euphoriker» ab.
126 Vgl. zu einem solchen Verständnis Nida-Rümelin/Weidenfeld (2018), 204.
127 Vgl. zu diesem Begriff: Engelbart (1962), Engelbart (1963).
128 Stalder (2016).
129 Stalder (2016), 13.
130 Stalder (2016), 96.
131 Vgl. Russell/Norvig (2022), 1020: «[T]he assertion that machines could act as if they were intelligent is called the weak AI hypothesis by philosophers, and the assertion that machines that do so are actually

thinking (not just simulating thinking) is called the strong AI hypothesis.»

132 Engelbart (1962).
133 Engelbart (1962), II.
134 Engelbart (1962), 1.
135 Engelbart (1962), 45.
136 Engelbart (1962), 2.
137 Engelbart (1962), 3.
138 Engelbart (1962), 9.
139 Turing (1950).
140 Turing (1950), 422.
141 Turing (1950), 422.
142 Turing (1950), 442.
143 Turing (1950), 433.
144 Turing (1950), 434.
145 Vgl. zu einer verwandten Kritik Searle (1984), 38.
146 Searle (1984), 38.
147 Searle (1984), 37 f.
148 Searle (1984), 34.
149 Searle (1984), 36.
150 Verwiesen sei hier auf das Computerprogramm «AlphaGo».
151 Vgl. Noller (2021), 44.
152 Vgl. Noller (2021), 44; Noller (2022c).
153 Zur ‹empiristischen› Dimension von Deep Convolutional Neural Networks (DCNNs) vgl. Buckner (2018). Buckner spricht davon, dass DCNNs ein Vermögen hätten, «to learn from experience» (2018, 5368). Die Rede von einem Vermögen ist hier jedoch problematisch, da das Netzwerk dadurch zu stark mit einem lebendigen Subjekt analogisiert wird.
154 Vgl. Buckner (2018), 5345 f.
155 Kant (1790), KU, AA 5, 179. Vgl. zur Urteilskraft von KNNs Schubbach (2021) und Noller (2021), 41.
156 Dreyfus (1988), 39.
157 Floridi (2013), 134.
158 Floridi (2013), 135.

159 Floridi (2013), 135.
160 Floridi (2013), 135.
161 Floridi (2013), 27.
162 Floridi (2013), 27 f.
163 Floridi (2013), 146 f.
164 Floridi (2013), 158.
165 Floridi (2013), 146.
166 Vgl. zum Begriff der Interobjektivität bereits Huy (2016), 161, der diesen jedoch primär technologisch und nicht im Rahmen des Begriffs der Digitalität motiviert: «Interobjectivity is a reality as well as a constantly motivated (improved) medium that can resolve the incompatibility between different systems (including human and technical systems).»
167 Vgl. zum Begriff der Transsubjektivität: Noller (2021), 48 u. 53.
168 Kipper (2020), 3.
169 Powers/Ganascia (2020), 48 f.
170 Floridi (2015), 67.
171 Dreyfus (2008), 1.
172 Floridi (2015), 52.
173 Esposito (2000), 292.
174 Davidson (2002), 46.
175 Floridi (2015), 66.
176 Powers/Ganascia (2020), 28.
177 Floridi (2013), 192.
178 Floridi (2013), 192.
179 Vgl. Christie's (2018).
180 Vgl. Goodyer (2021).
181 Schiller (1962), NA XX, 359.
182 Gamescoop (2012), 9.
183 Vgl. auch Feige/Ostritsch/Rautzenberg (2018), 17: «So stellt sich erstens die Frage, inwieweit es überhaupt ein sinnvolles Projekt ist, philosophisch über Computerspiele nachzudenken. In einer Abwandlung eines Satzes von Hegel könnte man sagen, dass es in der Philosophie doch um die ernsten Zwecke gehe herkömmlicherweise etwa um

das Wahre, das Gute und das Schöne und nicht um das ‹gefällige Spiel›».

184 Holischka (2016), 49.

185 Holischka (2016), 49.

186 Kohle (2018), 9.

187 Dieser Beitrag knüpft an Noller (2021) an und führt die dort am Ende entwickelten «pädagogischen Perspektiven» weiter aus.

188 Vgl. dazu Wipper/Schulz (2021).

189 Für eine philosophische Reflexion digitaler Methoden, Medien und Modelle in der Hochschullehre vgl. Noller (2019) sowie Noller/Ohrenschall (2021).

190 Vgl. Floridi (2015), 65 f.

191 Vgl. zur didaktischen Dimension der Digitalität im Folgenden: Noller (2019) und Noller (2022a).

192 Kuhlen (1991), viii.

193 Vgl. dazu Noller (2019), 299 ff.

194 Inwiefern diese Entlastung didaktisch auch problematisch ist, insofern dabei das Memorieren als Lernleistung in den Hintergrund tritt, müsste eigens diskutiert werden.

195 Vgl. Noller/Ohrenschall (2021), 249 ff.

196 Zur handlungstheoretischen Analyse künstlicher Intelligenz vgl. Noller (2021), 48–50.

197 In diesem Kontext sei auf Felix Stalders Begriff der Algorithmizität verwiesen, die ein konstitutives Moment der Kultur der Digitalität ist. Vgl. Stalder (2016), 164 ff.

198 Inwiefern der Begriff der «Interaktion» und der «Erkenntnis» konkret auf KI angewendet werden kann, bedarf einer eingehenden philosophischen Diskussion. Es liegt aber nahe, KNNs so etwas wie (bestimmende) Urteilskraft zuzuschreiben. Vgl. dazu Schubbach (2021) und Noller (2021), 49.

199 Diesen Begriff hat Wilfrid Sellars geprägt (1991, 169): «The essential point is that in characterizing an episode or a state as that of knowing, we are not giving an empirical description of that episode or state; we are placing it in the logical space of reasons [Hervorh. J.N.], of justifying and being able to justify what one says.»

200 Kohle (2018), 10.
201 vgl. Klauß/Mierke (2017), Klinke (2018a), (2018b), 1.
202 Wittgenstein 1984, PU § 23, 250.
203 Wittgenstein 1984, PU § 43, 262.
204 Urchs/Cole (2013), 21.
205 Urchs/Cole (2013), 21.
206 Urchs/Cole (2013), 41.
207 Kant (1784), AA 8, 35.
208 Kant (1784), AA 8, 35.
209 Kant (1784), AA 8, 35.
210 Kant (1784), AA 8, 36.
211 Krämer (2018), 5.
212 Vgl. Krämer (2018), 5. Zum Verständnis einer «Kritik der digitalen Vernunft» im Sinne des *genitivus objectivus* vgl. Hemel (2020).
213 Dreyfus (2008), 6.

Literatur

Baker, Lynne R. (2000): *Persons and Bodies. A Constitution View*, Cambridge.
Baker, Lynne R. (2002): «On Making Things Up: Constitution and Its Critics», in: *Philosophical Topics* 30/1, 31–51.
Baker, Lynne R. (2007): *The Metaphysics of Everyday Life. An Essay in Practical Realism*, Cambridge.
Boden, Margaret A. (2016): *AI. Its nature and future*, Oxford.
Brey, Philip (2003): «The Social Ontology of Virtual Environments», in: *American Journal of Economics and Sociology* 62/1, 269–282.
Brey, Philip (2014): «The physical and social reality of virtual worlds», in: Mark Grimshaw (Hrsg.): *The Oxford Handbook of Virtuality*. Oxford, 42–54.
Buckner, Cameron (2018): «Empiricism without magic: transformational abstraction in deep convolutional neural networks», in: *Synthese* 195, 5339–5372.
Castells, Manuel (2017): *Der Aufstieg der Netzwerkgesellschaft. Das Informationszeitalter. Wirtschaft – Gesellschaft – Kultur*, Bd. 1. 2. Auflage, Wiesbaden.
Chalmers, David (2017): «The Virtual and the Real», in: *Disputatio* 9/46, 309–352.
Chalmers, David (2019): «The Virtual as the Digital», in: *Disputatio* 11/55, 453–486.
Christie's (2018): «Is artificial intelligence set to become art's next medium?»; https://www.christies.com/features/A-collaboration-between-two-artists-one-human-one-a-machine-9332-1.aspx (15.3.2022).

Davidson, Donald (2002): «Agency», in: Ders.: *Essays on Actions and Events*, Second Edition, Oxford, 43–61.

Dreyfus, Hubert (2008): *On the Internet*, Second Edition, London/New York.

Dreyfus, Hubert L./Dreyfus, Stuart L. (1988): «Making a Mind versus Modeling the Brain: Artificial Intelligence Back at a Branchpoint», in: *Daedalus* 117/1, 15–43.

Dubber, Markus D./Pasquale, Frank/Das, Sunit (Hrsg.) (2020): *The Oxford Handbook of Ethics of AI*, Oxford.

Engelbart, Douglas C. (1962): *Augmenting Human Intellect: A Conceptual Framework*, Menlo Park.

Engelbart, Douglas C. (1963): «A Conceptual Framework for the Augmentation of Man's Intellect», in: Paul W. Howerton (Hrsg.): *Vistas in Information Handling. Volume I. The Augmentation of Man's Intellect by Machine*, Washington, 1–29.

Esposito, Elena (2000): «Fiktion und Virtualität», in: Sybille Krämer (Hrsg.): *Medien – Computer – Realität. Wirklichkeitsvorstellungen und Neue Medien*. Frankfurt a. M., 269–296.

Feige, Daniel M./Ostritsch, Sebastian/Rautzenberg, Markus (Hrsg.) (2018): *Philosophie des Computerspiels*, Stuttgart.

Floridi, Luciano (2013): *The Ethics of Information*, Oxford.

Floridi, Luciano (2015): *Die 4. Revolution. Wie die Infosphäre unser Leben verändert*, Berlin.

Floridi, Luciano (2015b): *The Onlife-Manifesto: Being Human in a Hyperconnected Era*, Cham u. a.

GamesCoop (2012): *Theorien des Computerspiels zur Einführung*, Hamburg.

Goodyer, Jason (2021): «How an AI finished Beethoven's last symphony and what that means for the future of music»; https://www.sciencefocus.com/news/ai–beethovens–symphony (15.3.2022).

Grimshaw, Mark (2014): «Introduction», in: Ders. (Hrsg.): *The Oxford Handbook of Virtuality*, Oxford, 1–14.

Handke, Jürgen (2017): *Handbuch Hochschullehre. Digital Leitfaden für eine moderne und mediengerechte Lehre*, Marburg.

Hegel, Georg Wilhelm Friedrich (1986): *Grundlinien der Philosophie des Rechts* (1820), in: *Theorie Werkausgabe* (TWA), hg. v. Eva Moldenhauer und Karl Markus Michel, Bd. 7, Frankfurt a. M.

Heidegger, Martin ([11]1967): *Sein und Zeit*, Tübingen.

Heim, Michael (1993): *The Metaphysics of Virtual Reality*, New York/Oxford.

Heim, Michael (1998): *Virtual Realism*, New York/Oxford.

Hemel, Ulrich (2020): *Kritik der digitalen Vernunft. Warum Humanität der Maßstab sein muss*, Freiburg/Basel/Wien.

Holischka, Tobias (2016): *CyberPlaces. Philosophische Annäherungen an den virtuellen Ort*, Bielefeld.

Holischka, Tobias (2018): «Virtualität und Macht», in: Andreas Brenneis u. a. (Hrsg.): *Technik – Macht – Raum. Das Topologische Manifest im Kontext interdisziplinärer Studien*, Wiesbaden, 81–90.

Hui, Yuk (2016): *On the Existence of Virtual Objects* (= Electronic Mediations, Bd. 48), Minneapolis/London.

Kant, Immanuel (1784): *Was ist Aufklärung?*, in: *Akademie-Ausgabe* (AA), Bd. 8, Berlin.

Kant, Immanuel (1998): *Kritik der reinen Vernunft* (KrV) (1781/1787), hg. v. Jens Timmermann, Hamburg.

Kant, Immanuel (1790): *Kritik der Urteilskraft* (KU), in: *Akademie-Ausgabe* (AA), Bd. 5, Berlin.

Kasprowicz, David/Rieger, Stefan (2020): «Einleitung», in: Dies. (Hrsg.): *Handbuch Virtualität*, Wiesbaden, 1–22

Kipper, Jens (2020): *Künstliche Intelligenz – Fluch oder Segen?*, Berlin.

Klauß, Thomas/Mierke, Annika (2017): *Szenarien einer digitalen Welt – heute und morgen. Wie die digitale Transformation unser Leben verändert*, München.

Klinke, Harald (2018b): «Vorwort: Die digitale Transformation in den Geisteswissenschaften», in: Ders. (Hrsg.): *#Digicampus. Digitale Forschung und Lehre in den Geisteswissenschaften*, München, 1–18.

Klinke, Harald (Hrsg.) (2018a): *#Digicampus. Digitale Forschung und Lehre in den Geisteswissenschaften*, München.

Kohle, Hubertus (2018): «Die Geisteswissenschaften und das Digitale Ein Quantensprung oder business as usual?», in: Harald Klinke (Hrsg.): *#Digicampus. Digitale Forschung und Lehre in den Geisteswissenschaften*, München, 9–17.

Krämer, Sybille (1998): «Zentralperspektive, Kalkül, virtuelle Realität. Sieben Thesen über die Weltbildimplikationen symbolischer Formen», in: Gianni Vattimo/Wolfgang Welsch (Hrsg.): *Medien – Welten – Wirklichkeiten*, München, 27–37.

Krämer, Sybille (Hrsg.) (2000): *Medien – Computer – Realität. Wirklichkeitsvorstellungen und Neue Medien*, Frankfurt a. M.

Krämer, Sybille (2018): «Der ‹Stachel des Digitalen› – ein Anreiz zur Selbstreflexion in den Geisteswissenschaften? Ein philosophischer Kommentar zu den Digital Humanities in neun Thesen», in: *Digital Classics Online* 4/1, 5–11.

Kroon, Fred/Voltolini, Alberto (2018): «Fictional Entities», in: *The Stanford Encyclopedia of Philosophy* (Winter 2018 Edition), hg. v. Edward N. Zalta; https://plato.stanford.edu/archives/win2018/entries/fictional-entities.

Kuhlen, Rainer (1991): *Hypertext. Ein nicht-lineares Medium zwischen Buch und Wissensbank*, Berlin.

Kurzweil, Ray (2005): *The Singularity is Near*, London.

Malpas, Jeff (2009): «On the Non-Autonomy of the Virtual», in: *Convergence: The International Journal of Research into New Media Technologies* 15/2, 135–139.

McLuhan, Marshall (1962): *The Gutenberg Galaxy. The Making of Typographic Man*, London.

McLuhan, Marshall (1994): *Understanding Media. The Extensions of Man*, London/Cambridge.

McTaggart, J. Ellis (1908): «The Unreality of Time», in: *Mind* 17/68, 457–474.

Milgram, Paul/Kishino, Fumio (1994): «A Taxonomy of Mixed Reality Visual Displays», in: *IEICE Transactions on Information Systems*, E77-D/12, 1321–1329.

Misselhorn, Catrin (2018): *Grundfragen der Maschinenethik*, Ditzingen.

Misselhorn, Catrin (2021): *Künstliche Intelligenz und Empathie. Vom Leben mit Emotionserkennung, Sexrobotern & Co*, Ditzingen.

Nida-Rümelin, Julian (2021): «Digitaler Humanismus», in: Uta Hauck-Thum/Jörg Noller (Hrsg.): *Was ist Digitalität? Philosophische und pädagogische Perspektiven* (= Digitalitätsforschung, Bd. 1), Stuttgart, 35–38.

Nida-Rümelin, Julian/Weidenfeld, Natalie (2018): *Digitaler Humanismus. Eine Ethik für das Zeitalter der künstlichen Intelligenz*, München.

Noller, Jörg (2019): «Blogseminar und Wikiseminar: Hypertextuelle Strukturen in der philosophischen Lehre», in: Jörg Noller u. a. (Hrsg.): *Methoden in der Hochschullehre. Interdisziplinäre Perspektiven aus der Praxis* (= Perspektiven der Hochschuldidaktik, Bd. 1), Wiesbaden, 295–317.

Noller, Jörg (2021): «Philosophie der Digitalität», in: Uta Hauck-Thum/Jörg Noller (Hrsg.): *Was ist Digitalität? Philosophische und pädagogische Perspektiven* (= Digitalitätsforschung, Bd. 1), Stuttgart, 39–54.

Noller, Jörg (2022a): «Didaktik der Digitalität: Philosophische Perspektiven», erscheint in: Minkyung Kim u. a. (Hrsg.): *Philosophiedidaktik 4.0? Chancen und Risiken der digitalen Lehre in der Philosophie*, Stuttgart.

Noller, Jörg (2022b): «Interobjektivität. Über Künstliche Intelligenz und Digitalität», erscheint in: Sebastian Schleidgen u. a. (Hrsg.): *Mensch-Maschine-Interaktion – Konzeptionelle, soziale und ethische Implikationen neuer Mensch-Technik-Verhältnisse*, Paderborn.

Noller, Jörg (2022c): «Ontologie der Digitalität. Zur virtuellen Realität der Neuen Medien», erscheint in: Tobias Holischka u. a. (Hrsg.): *Digitalisierung als Transformation? Perspektiven aus Ethik, Philosophie und Theologie*, Stuttgart, 3–17.

Noller, Jörg/Ohrenschall, Marcel (2021): «‹PhiloCast›: Konzeption und Entwicklung eines philosophischen Youtube-Kanals», in: Jörg Noller u. a. (Hrsg.): *Studierendenzentrierte Hochschullehre. Von* der Theorie zur Praxis (= Perspektiven der Hochschuldidaktik, Bd. 2), Wiesbaden, 247–264.

Powers, Thomas M./Ganascia, Jean-Gabriel (2020): «The Ethics of the Ethics of AI», in: Markus D. Dubber/Frank Pasquale/Sunit Das (Hrsg.): *The Oxford Handbook of Ethics of AI*, Oxford, 27–51.

Ramge, Thomas (2020): *Augmented Intelligence. Wie wir mit Daten und KI besser entscheiden*, Ditzingen.

Richter, Pavel (2020): *Die Wikipedia-Story. Biografie eines Weltwunders*, Vorwort von Wikipedia-Gründer Jimmy Wales, Frankfurt/New York.

Russell, Stuart/Norvig, Peter (2022): *Artificial Intelligence. A Modern Approach*, Boston u. a.

Ryan, Marie-Laure (2001): *Narrative as Virtual Reality. Immersion and Interactivity in Literature and Electronic Media*, Baltimore/London.

Schier, André: «Digitalität: Grundlagen», in: Julia Naskrent/Marcus Stumpf/Jörg Westphal (Hrsg.): *Marketing & Innovation 2021. Digitalität – die Vernetzung von digital und analog*, Wiesbaden 2021, 1–20.

Schiller, Friedrich (1962): *Über die ästhetische Erziehung des Menschen in einer Reihe von Briefen* (1795), in: *Nationalausgabe* [NA], XX, hg. von Benno von Wiese, Weimar, 309–412.

Schiltz, Guillaume/Langlotz, Andreas (2004): «Zum Potential von E-Learning in den Geisteswissenschaften», in: Doris Carstensen/Beate Barrios (Hrsg.): *Kommen die digitalen Medien an den Hochschulen in die Jahre?*, Münster, 245–254.

Schmitt, Peter (2021): *Postdigital. Medienkritik im 21. Jahrhundert*, Hamburg.

Schubbach, Arno (2021): «Judging machines: philosophical aspects of deep learning», in: *Synthese* 198, 1807–1827

Searle, John (1984): *Minds, Brains and Science*, London.

Sellars, Wilfrid (1991): «Empiricism and the Philosophy of Mind», in: Wilfrid Sellars (Hrsg.): *Science, perception and reality*, Atascadero, 127–196

Sherman, William R./Craig, Alan B. (2003): *Understanding Virtual Reality. Interface, Application, and Design*, San Francisco.

Spitzer, Manfred (2014): *Digitale Demenz. Wie wir uns und unsere Kinder um den Verstand bringen*, München.

Spitzer, Manfred (2015): *Cyberkrank! Wie das digitalisierte Leben unsere Gesundheit ruiniert*, München.

Spitzer, Manfred (2018): *Die Smartphone-Epidemie. Gefahren für Gesundheit, Bildung und Gesellschaft*, Stuttgart.

Stalder, Felix (2016), *Kultur der Digitalität*, Berlin.

Stalder, Felix (2021): «Was ist Digitalität?», in: Uta Hauck-Thum/Jörg Noller (Hrsg.): *Was ist Digitalität? Philosophische und pädagogische* Perspektiven (= *Digitalitätsforschung*, Bd. 1), Stuttgart, 3–7.

Turing, Alan (1950): «Computing Machinery and Intelligence», in: *Mind* 59, 433–460.

Urchs, Ossi/Cole, Tim (2013): *Digitale Aufklärung. Warum uns das Internet klüger macht*, München.

Wagner, Johanna (2020): *Künstliche Intelligenzen als moralisch verantwortliche Akteure? Begriffliche Möglichkeiten und pragmatische Notwendigkeiten*, Boston/MA.

Wisbar, Sarah (2020): «Digitales Geld und virtuelles Geld», in: David Kasprowicz/Stefan Rieger (Hrsg.): *Handbuch Virtualität*, Wiesbaden, 249–263.

Wittgenstein, Ludwig (1984): *Philosophische Untersuchungen*, in: *Werkausgabe*, Bd. 1, Frankfurt a. M., 225–257.

Zimmerli, Walther (2021): «Analog oder digital? Philosophieren nach dem Ende der Philosophie», in: Uta Hauck-Thum/Jörg Noller (Hrsg.): *Was ist Digitalität? Philosophische und pädagogische Perspektiven* (= *Digitalitätsforschung*, Bd. 1), Stuttgart, 9–33.

Personenregister

Aristoteles 23, 28, 37
Baker, Lynne Rudder 41 f.
Brey, Philip 35 f.
Castells, Manuel 23, 26–28, 45
Chalmers, David 37
Davidson, Donald 68
Descartes, René 37
Dreyfus, Hubert 58, 64, 101 f.
Engelbart, Douglas 52
Floridi, Luciano 18, 21, 38, 59 f., 64, 70, 72, 82
Hegel, Georg Wilhelm Friedrich 13, 21, 37
Heidegger, Martin 23
Heim, Michael 33
Holischka, Tobias 78 f.
Hui, Yuk 36
Husserl, Edmund 37
Kant, Immanuel 23, 37, 48, 58, 69, 95–98
Krämer, Sybille 96
Kurzweil, Ray 15
McTaggart, John McTaggart Ellis 46
Ramge, Thomas 52
Ryan, Marie-Laure 29
Schiller, Friedrich 77
Searle, John 55
Stalder, Felix 10–12, 21, 31, 48, 51, 53
Turing, Alan 53 f.
Wittgenstein, Ludwig 92 f.

Das Signet des Schwabe Verlags
ist die Druckermarke der 1488 in
Basel gegründeten Offizin Petri,
des Ursprungs des heutigen Verlagshauses. Das Signet verweist auf
die Anfänge des Buchdrucks und
stammt aus dem Umkreis von
Hans Holbein. Es illustriert die
Bibelstelle Jeremia 23,29:
«Ist mein Wort nicht wie Feuer,
spricht der Herr, und wie ein
Hammer, der Felsen zerschmeisst?»